督促OL　修行日記

目次

JN243213

03

……

ストーカー疑惑と襲撃予告

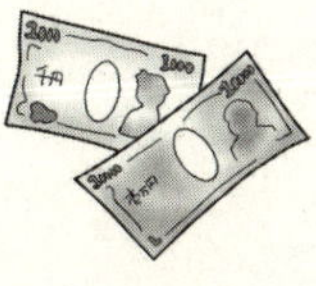

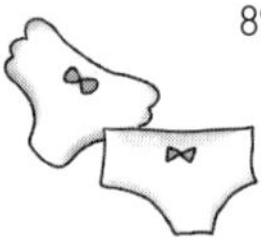

07

自尊心を埋める

08

濃すぎる人間修行　172

ブックデザイン　野中深雪

はじめに

「今からお前を殺しに行くからな――」

お客さまはそう言うと、プツリと電話を切りました。

でも、私の職場ではこんな言葉を言われるのは日常茶飯事です。だって私の電話を待ち望んでいるお客さまなんて、この世界には一人もいないのですから。

私は、〝督促〟という仕事をしているOLです。

トクソクって、あまり馴染みのない言葉かもしれません。具体的に言うと、カードなどを使ってその支払いをしていないお客さまに、電話や書面で「入金のお願い」をするお仕事です。

私は「お金返してくださいー！」という電話を一日中かけ続けています。

でも誰だって、「カネ返せ！」なんて電話がくるのはイヤなものですよね。
大半のお客さまはいいお客さまなのですが、中には逆ギレして怒鳴りつけたり、開き直って支払いを拒否したりする方もいます。そんなお客さまに、怒鳴られながらも、なだめすかして説得し、なんとかお金を入金してもらうのが私のしている督促というお仕事です。

「いやいや、借りたお金を返すなんてあたりまえじゃないの？」

そう思われるあなたは、本当に心の正しい人。世の中があなたのような人ばかりならどんなに良かったか……！
でも、私が新卒で入社し配属されたキャッシング専門の督促部署、つまり借金をしてお金を返さない人たちへ、取り立ての電話をする部署では、おおよそ20％前後――5人に1人のお客さまが支払い日を過ぎてから入金をしていました。

「うるせぇ!!　俺の支払う日に支払うんだから黙って待ってりゃいいんだよ！」

「こんな人を煩《わずら》わせるような仕事、しない方がいいと思いますよ！」

電話をかければ、返ってくるのはこんな言葉のオンパレード。

「理不尽だー!!」と何度、女子トイレで壁を殴ったことか。でもそうやって嘆いていても残念ながらお金は返ってこないのです。たとえ暴言を吐かれようが、怒鳴られようが、耐えて、諦めずに、お客さまが「入金」してくれるその日まで、私は電話をかけ続けなければいけないのです。

ストレスフルな仕事の乗り越え方

私はもともと、人に何かを強く言うことのできる人間ではありませんでした。気弱で、道を歩けばキャッチセールスに引っ掛かり、待ち合わせに2時間遅刻してきた友人にも一言も文句を言えないような性格でした。

入社して督促の仕事を始めてからは、体重も半年で10キロ減。ストレスが原因のニキビがまるで火傷《やけど》でもしたかのようにヒドく顔じゅうにできて、ずっと下を向いていました。カウンセリング、セラピー、病院、ありとあらゆるストレス解消グッズ。色んなものに頼りながらなんとか仕事を続けてきました。

私の働くコールセンターでは、毎月必ず誰かしらが職場を去っていきます。結婚を目前にして心を病んでしまい、働けなくなってしまった男性がいました。自分の母親と同じくらいの年齢の電話オペレーターが、電話口で罵声《ばせい》を浴びせられ、ぽろぽろと涙を流している姿を、目の前で見てきました。

コールセンターは離職率が高いのですが、時給が普通の仕事よりは高いので、求人を出すと応募もたくさんあります。でも、心が壊れて辞めたら次の人。そんな「使い捨て」のような採用が今も行われています。

「誰かが倒れたら代わりの誰かが補充される、そんなのって間違ってない？　なんとかしてお客さまの言葉から身を守る方法や、相手にちゃんと約束を守らせて入金させるわざを研究できないかな」

それが、私が督促でお客さまに立ち向かう方法を研究しよう、と思ったきっかけでした。

入社時はお客さまに言い負かされ続けまったく成績が出せなかった私ですが、後には３００人のオペレーターを指示するチームに最年少で配属され、年間２０００億円の債権を回収するまでになりました。

オペレーターとしては、半年間コールセンタートップの回収金額を維持していたこともあります。

この本には私のトホホな毎日と、その中で身をもって開発したストレスフルな仕事に対処するノウハウを書かせていただきました。

もし、今あなたが、ストレスフルな職場環境で苦しんでいたり、理不尽なお客さま相手に疲れていたとしたら、それから身を守る盾と、相手を言い負かす武器をこの本から得て、そして、ちょっとだけ笑ってもらえたら、私はなによりも嬉しく思います。

督促ＯＬ　修行日記

01 ここは強制収容所?

電話の数が足りねぇぞ!
す、すみません!
今からお前を殺しに行くからな…
!?
ごめん、俺ここまでみたいだ…
しっかりしてぇー!
ガクッ
…戦場かなにかなんですか…?
ココは…
流れ矢
督促のコールセンターですけど?
は?

(これって、ホントにコールセンター!?)

社会人になった記念すべき第1日。私が連れていかれたのは真っ白で殺風景な、なんにもない部屋だった。

部屋の端から端まで隙間なくきっちりと並べられている机。その上にはポツンとグレーの電話がのっているだけ。

〈コールセンターに配属す〉

おかしい。私はついさっき、そう辞令を下されたはずなのに。

コールセンターといえば、パソコンが並べられた机がブースで仕切られて、女性のオペレーターがイヤフォンとマイクをつけて座っている、そんな場所じゃなかったっけ？

でも、そこは、そんな想像とは全く違う部屋だった。

採光のための窓ははるか遠くに1カ所だけ。全体的にせまくてうす暗くて、コールセンターというよりはむしろ「倉庫」と呼んだほうがよさそうだ。

私が連れていかれたのは、ほんの1カ月前にできたばかりの即席で作られたコールセンターだった。

出来たてというより出来かけで、装備されているのは机と電話機だけ。パソコンなどといった文明の利器が導入されるのは、それから半年も先だった。

1時間に60本の電話!?

「ぼさっとしてないで、1時間に最低60本は電話して!」

一緒にコールセンターに連れてこられた同期たちと部屋のなかで立ち尽くしているると、私たちをこのコールセンターに連れてきた先輩がいきなりバサリと目の前に電話帳ほどの厚さのある紙の束を投げつける。それは「督促表」と呼ばれるお客さまのデータが細かく記載されたカルテのような書類だった。

(え、え、何? これから何がはじまるの?)

所在なく右往左往していると、後からぞろぞろと連なってコワモテの男性たちが部屋に入ってきた。彼らはおもむろに机の上に置かれている督促表を摑むと、次々と電話しか置かれていない机に座っていく。白い部屋は一瞬にして黒とグレーのスーツの色に染まった。

「ご入金をお願いします！」

「入金の確認が取れていません」

「支払い日をもうかなり過ぎていますよ！」

一斉に電話をかけ始めた黒スーツ軍団の群れからは、こんな恐ろしげな言葉が漏れ聞こえてくる。「お金返してください」——ああ世の中にこれほど、誰ひとりとして望んでいない電話があるだろうか。

でも、その電話こそが、私がこれからしなければならない「督促」という仕事だった。

クレジットカードを使って買い物をすると、代金は後から請求されてくる。

これは買い物の代金をいったんカード会社が立て替えてお店に支払っているからで、カード会社が立て替えた代金は、1カ月から2カ月ほど間をあけてお客さまに請求される。

けれど困ったことに、中には支払い日を過ぎても代金を入金してくれないお客さまもいる。そんなお客さまに、電話や手紙で「お支払いをお忘れではございませんか？」と入金のお願いをすることを「督促」と呼ぶ。

もちろん、督促という仕事をしているのは、私が働くようなクレジットカード会社だけじゃない。

電気代を払わなかったら電力会社から、水道代を払わなかったら水道局から督促の電話がかかってくる。税金や家賃、奨学金返還の督促を行っているコールセンターも盛況だそうだ。図書館で借りた本を返さなくても図書館で働く人から電話がかかってくる。

実は、世の中にあるありとあらゆる「後払い」には、必ずその後ろに督促をしている人がいる。私が入社したカード会社の中だけでも色々な種類の督促があった。クレジットカード、ショッピングクレジットと言われる高額商品の分割払い（車の購入やエステ代などでローンを組むこと）、それからカードを使ってお金を借りるキャッシング。

よりにもよって、そんな中で私が配属されたのは、社内でもとくに「えぐい」と評判のキャッシングの回収を行っている部署だった。要するに「借金の取り立て」をしているコールセンターである。

それがなんで「えぐい」かと言うと、キャッシングのお客さまというのは、それはそれは粒ぞろいの、社内でも問題のあるお客さまだったからだ。

耳をつんざく罵声で脳が凍死……

「うるせぇんだよ馬鹿野郎！　ちゃんと支払うっつってんだろ！」

「ひぃっ！」


コールセンターの片隅に座らされて、黒スーツのコワモテ男性集団に交じって初めての督促の電話をかけた時のことを、私は未だに強烈に覚えている。

電話口から響いてきたのは、今までの人生の中で一度も聞いたことがないほどの、耳をつんざくような罵声である。

電話口に出たお客さまは、私がたどたどしく「あの、ご入金のお知らせで……」と言いかけると、いきなり電話口から風が吹いてきそうなものすごい勢いで私を怒鳴りつけた。私は、受話器を持ったまま瞬時に凍りついた。

生まれて初めて受けた恫喝《どうかつ》に頭は真っ白になる。それから時間差でものすごい勢いで全身から冷や汗が吹き出した。


「あああ、アノ……」

「テメェ！　今度電話してきたらぶっ殺す!!」

冷や汗で全身びっしょり、息がつまって言葉がカタコトになっている私に向かって、お客さまは捨て台詞《ゼリフ》を残して電話を叩き切った。

（……な、ななななな、なんだったんだ今の!?）

私の頭はしばらくフリーズしていたが、なんとか我に返ると隣で同じように督促の電話をかけている先輩に泣きついた。

「なんか、いきなり怒鳴られて、こんなヒドイことを言われたんですけど!?」

私はぶるぶると震えながら事の仔細を訴えた。

けれど先輩はダイヤルしかけていた電話機に目を留めたまま「ふぅん、じゃあ言われたことを督促表に書いといて」と言うだけ。

そのクールな目は「ここではそんなこと日常茶飯事なんだよ」と語っているようだった。

（私は、もしかしてとんでもない所に来てしまったんじゃないだろうか……）

冷や汗でふやけた督促表に、私は震える手でお客さまに言われたことを書き残した。

13名のイケニエたち

「どうしよう。こんな〝借金の取り立て〟みたいな仕事についたなんて、おばあちゃんに言えないよ……」

初日の業務が終わって新入社員が集められた研修室で、隣に座っていた女の子がポツリとつぶやいた。コールセンターでの1日目の業務を終え、私たち新入社員はみごとに全員が打ちのめされていた。

この時コールセンターへ配属されたのは全部で13人。

男性社員が10名と、私を含めた女性社員が3名。この年、新入社員は全部で100人以上入社して、この13人が新入社員人気ワーストNo.1の（こんなに不人気なのは後から知った）コールセンターへと捧げられたイケニエたちだった。

そもそもなぜ、私たちは督促なんて仕事をすることになったのか。それは言ってしまえば、私たちがとんでもなく、無知で、その上ちょっとだけ不運だったからなのだ。

唐突だけど、ここで少し自己紹介を。

私ことN本は現在20代の普通の会社勤めをしているＯＬです。

神奈川県出身。小中学校は家の近所の公立に通い、高校は近所にできたばかりで入試倍率1倍だった私立の女子高へ。運動部に入ったけどなじめず部活はいつのまにか帰宅部。その後1年浪人して、都内にある私立大学へ進学。浪人時代にちょっと上がったけど中学、高校の時の偏差値はずっと50前後だった。つまり私は平均中の平均的な学生だった。

でも運悪く、私が就職活動をしていたのは超氷河期と言われる、就職難まっただ中。

私大文系でとりたてて特技もなく、面接でも上手くしゃべれない私は次々と選考で落とされ続けた。毎日送られてくるお祈りメールに気が狂いそうになっていた大学4年生の夏、やっとのことでこのクレジットカード会社から内定をもらった。

（ああよかった、これでなんとか、社会人になれる！）

内定をもらった時は、うれしい！　というよりほっとした。

そうしてすがり付くように入った会社ではあったけれど、実は就職活動中なんとか内定が欲しくて、節操なくいろんな業界を受けていた私は、自分が受けていた会社の事業内容なるモノの研究をほとんどしていなかった。

仕事の内容なんてちょろっとインターネットで調べただけで、内定をもらった後も「入社した後は営業をする支店とかに配属されて、よくわからないけど営業とかさせられるんだろうな～」くらいに軽く考えていた。

会社説明会でリクルーターとして来ていた先輩社員はみんな支店でカード営業をしている人たちだった。会社説明会でも就活サイトでも「督促」の文字なんてカケラも登場せず、説明会でもらったパンフレットに書かれているのはかろうじて「債権回収部門」があるという小さな文字だけ。入社してすぐ、私はこう思った。

「だまされた！」

そしてこの時、コールセンターに配属された同期も皆同じことを思っていた。

「こんな仕事聞いてないよな……」

「私、新入社員は督促はしないって言われてたのに……」

私たちはキレイな言葉を並べられてほいほいと入社したけど、まさかこんな仕事をやることになるなんて想像していなかったのだ。

「社会人になったら華やかにスーツを着て、バリバリとかっこよく営業をするんだ！」

そう思い込んでいた私たちは、目の前に突然「借金の取り立て」という恐ろしい仕事を突きつけられた。その上いきなり連れていかれたコールセンターで、一日中お客さまに電話で怒鳴られるという洗礼を受けて、私たちの心は、もうぺしゃんこだった。

パンデミック勃発！

もう帰っていいよと帰宅の許可が出たのに、憔悴《しょうすい》した私たちはなかなか立つことができなかった。と、その時、

「あれ、なんだか……おかしい」

突然、左隣の男の子が苦しげに声を上げた。

なんだろうとそっちを向くと、その子の顔は真っ青を通り越して土気色だった。

「ちょっと！　大丈夫⁉」

みんなが駆け寄ると、彼はガチガチと震えていた。ひどい熱がある！　と、周囲が慌て始めた。なんと彼は、入社初日にインフルエンザを発症したのだった。

実はコールセンターというのは高温多湿で人が多く、そこで働く人々は一日中電話でしゃべっているという環境なので、インフルエンザを始めとした感染症の温床

であり、むしろ培養槽といってもいいほどに病原菌が繁殖しやすい環境なのだった。

私もコールセンターで働くうちにインフルエンザ、ノロウイルス、ありとあらゆる病気が季節ごとにパンデミックするのを目撃してきた。

病原菌のパラダイスであるコールセンターで働く人々は、そこで働くうちに否が応でも抗体を作るのだけれど、まだ免疫のない新入社員はあっさりとコールセンター産のインフルエンザをお土産にもらってきてしまったのだ。

倒れた男の子を皮切りに、この〝コールセンターインフルエンザ〟は新入社員を次々と襲い、入社1週間で新人数人が病欠という状態を生み出した。まるで、この後の出来事を象徴するように――。


（これからどうなっちゃうの⁉）

生き残りをかけたコールセンターサバイバル生活の、幕開けだった。

02

〝ブラック部署〟の紅一点！

「入社おめでとう～！」

「よろしくお願いします……」

ある日、私は先輩にボスの前に連れていかれた。

紹介されたT課長は、コールセンターの現場責任者だった。年の割に背が高くがっちりとして、なぜか春なのに日焼けしている。さすがに、コワモテぞろいの督促軍団を束ねている人といった屈強なオーラがあった。一見ダンディなのに、眼光が鋭い。チラリと視線を向けられて、私は一瞬にしてびびる。

ところが、

「男子校へようこそ～！」

いきなりT課長はギュッと私の手を握ると、満面の笑みで私を迎えた。ん？　待てよ、今なんかこの場にそぐわない言葉が。

「男子校？」

私はクエスチョンマークを浮かべて連れてきてくれた先輩に目線を送った。すると先輩は少し気まずそうな顔をしながら「今、この部署には女性社員がいないんだ」とこっそりと教えてくれた。

　なんと、この督促をしているコールセンターには現在、事務をしている社員以外、女性社員がゼロだった。電話をする業務に就いていた女性社員は、キレイに全員前月で辞めてしまっていたのだ。

　それから、男性ばかりがひしめき合っているこのコールセンターは、社内で「男子校」と呼ばれるようになった。どうりで、なんだかこのフロア、体育のあとの教室の匂いがするというか……ぶっちゃけ、汗臭いと思った……。

「男性ばっかりだとどうも身だしなみも乱れがちだしね、女子社員欲しかったんだよ～、あ、辞めないでね！」

　ぱっと見渋いその外見に反して、T課長はとっても軽い調子で話す人だった。この人、なんだか高田純次に似ている……。高田純次課長。私の直属の上司って、こんなんなの？

「え、N本と申します、よろしくお願い致します」

　私はひきつった笑顔で、そう答えるしかなかった。

イケメンパラダイスの夢やぶれ……

コールセンターには三つのチームがあったけど、女子社員も三人。1チームに一人が配属されたので、私たちは必然的にチームの紅一点になってしまった。

（これはモテの予感⁉）

〝紅一点〟という言葉に内心ちょっとした期待も抱きながら、自分が所属するチームに連れていかれると、そこは本当に男性ばかりで一面ひしめき合うスーツの群れだった。私はまさに男子校に間違って入学してしまった女子生徒状態。あれ？ こんな設定の少女漫画があったような気がする。

が、しかし……。実際の男子校はイケメンパラダイスとは程遠かった（失礼）。おまけに、コワモテ督促軍団は、「こいつホントに督促なんてできんのか？」とでも言うように値踏みするような視線を送ってくる。

突然、すぐそばから野太い歓声が上がった。

なんだ？　とそっちを見ると、私と同じようにやはりチームで唯一の女子社員となった同期のA子ちゃんが隣のチームで自己紹介をしていた。A子ちゃんはぶっちゃけとてもかわいい。

くそっ、この差は何なんだ⁉

〝イケメンパラダイスでモテモテ紅一点〟の夢やぶれた私は、所在なく、チームの片隅に座って督促生活をスタートした。

海千山千の多重債務者たち

私の配属されたコールセンターに所属しているのは全部で60名ほど。クレジットカードの督促を行っている別のコールセンターには、パート契約のオペレーターさんがいたけれど、この部署に所属しているのは全員が正社員だ。

チームに配属されてからは山のような督促表を目の前に積み上げられ、督促の電話をかけることになったのだけれども、電話をかけてみて、なぜここが男子校なのかがあらためてよーくわかった。

「××カードです、ご入金のお願いなのですが……」

「またかよ！　ないものはないって言ってんだろ！」

「ええっ、で、でも、お支払いはしていただかないと……」

「うるせぇ！」


ガチャッ‼

かける電話かける電話、みんな怒鳴りつけられて切られてしまう。

怒鳴られないまでも電話をかけるとお客さまはみな支払いが難しい状態で、すんなり「支払います」という人はほとんどいなかった。


（ど、どういうことなの……）


実は、私が担当しているキャッシング専用カードのお客さまは、社内でも特に扱いが難しいとされる方々だった。

キャッシング専用カードというのは、文字通り現金を借りるためのカードだ。クレジットカードのように買い物に使うことはできないが、最高で２００万円までの現金を借りることができる。システムはほぼ消費者金融と同じだった。

カード会社のキャッシング専用カードを利用するお客さまには2パターンの人がいる。一つは、クレジットカード会社のほうが消費者金融より敷居が低いからという人たち、そして、もう一つは、消費者金融からも借りられなくなり、仕方なくクレジットカード会社でキャッシングをしている人たち。……当然、督促の部署にまわってくる（つまり支払いが遅れる）のは後者がほとんどなのだ。

今ではお金を借りようと思うと、貸金業法によって年収の3分の1までと借りられる金額の上限が決められている（二〇一〇年施行）。けれど、昔はクレジットカード会社と消費者金融は借入の情報を共有していなかったので、消費者金融で何件も借入があったとしてもクレジットカード会社ではそれを把握できず、キャッシングの審査に通ってしまったのだ。

当時の私のお客さまたちは、5件、6件と別の会社に借入がある人がほとんどだった。

だからいつも複数の会社から督促を受けていて、電話をかけてもそう簡単に支払いができる状態ではない。男性は、逆切れしたり怒鳴り散らして支払いを拒否する。

女性でも怒鳴る人はいたけど、泣き出してしまう人も多かった。すんなりと払ってくれる人なんて全然いなくて、電話をかけるとなぜか「殺す」だの「死ぬ」だの、穏やかじゃない言葉が返ってくる……。

(こんな仕事、女には絶対にムリ!!)

数日間、朝から晩まで怒鳴り続けられて、私は早々に悟った。

だってどう考えても人生の修羅場をくぐってきた海千山千の多重債務者の方々に、この前までぬくぬくと大学生活を送っていた小娘が口先で敵うわけがないじゃないか!

会社に行くことはイコール怒鳴られに行くことだった。私はげっそりとやつれ始めた。でも、ここはまだコールセンター地獄の一丁目。ただの入口に過ぎないということを私はこれから嫌というほど思い知らされることになる。

勤務時間は朝7時から終電!?

ある日のこと、電話を終えてフラフラと帰ろうとしている私に、課長からお呼びがかかった。

「明日は7時に来てね！」

「へっ⁉」

お金を貸すことを業務とする私たちカード会社や消費者金融が守っている法律「貸金業法」では、督促をしていい時間というのは朝の8時から夜の9時までと定められている。

だから私の働くコールセンターも、法律に準じて朝の8時から夜の9時までが営業時間だった。

「今まで9時出社だったのに、なんで2時間も早まるんです⁉」

思わず涙目で抗議する私。

「おいおい、いつまで新入社員扱いされると思ってるのよ～？」

笑顔を浮かべていてもばっちり目は笑っていない高田純次に肩を摑まれて、私は必死にこくこく頷くしかなかった。

朝から戦争……

朝の8時からお客さまへの電話をスタートするということは、その時間までに電話をかける準備が整っていなければいけないのだ。

新米の私に与えられた仕事は、山と積まれた督促表の中から前日までに入金にならなかったお客さまの表を抜いて記録を残し、朝8時の電話スタート時間までに電話をかけられる状態に整えておくというもの。

今までぬくぬくと9時に出社していたのはモラトリアム期間で、言われた通り7時に出社してみると、朝は戦争だった。

「動きが遅い！　何やってる！」

「す、すみません!!」

先輩の檄《げき》が人もまばらなコールセンターに響く。

朝出社すると、まず前日までに入金になったお客さまのリストをチェック。ここで間違えて入金になっていないお客さまのリストを破棄なんぞしようものなら、大変なことになる。二重三重にチェック。そしてきれいに整えた督促表を机の上に置いておく。

すると少し遅れてぞろぞろと出社してきたコワモテ黒スーツ軍団が督促表を受け取って席に着き、8時きっかりから「ご入金をお願いします！」と電話をかけ始めることができるのだった。

（や、やっと終わった……）

肩で息をつきながら、なんとかギリギリで督促表のメンテナンスを終わらせると、自分たちもすぐに電話に加わらなきゃいけない。その後は朝8時から夜の9時まで、食事以外はほとんど休みなく電話をかけ続ける。入社初日に先輩に言われた1時間60本のノルマをこなせなかった私はほとんど休憩が取れなかった。

夜9時からは「手紙の時間」

でも残念ながら、夜9時に電話が終わってもまだまだコールセンターからは出られない。それからは通称「手紙の時間」が始まるのである。

私たちは電話で督促をしているのだけれど、いくら電話をかけても、どうしても電話に出てくれないお客さまがいる。そういった電話で連絡がつかないお客さまには「督促状」と言われる書面を送って入金のお願いをするのだ。

夜9時を過ぎて電話がかけられなくなったら、今度は督促状を一枚一枚発送する作業が待っている。通常は印刷された文面を送るのだけれど、長期にわたって入金のないお客さまにはわざわざ手書きで督促状を書いて送ったりしていた。たしかに手書きの文字の方が、なんとなく効果がありそう……なのかな？

この作業は終電ギリギリの時間まで続けられるので、朝7時から夜11時過ぎまで私たちは会社に閉じ込められる。

終電が11時って、早いと思われるかもしれないけれど、私たちの働くコールセンターはなぜか都心から外れた郊外の住宅街にあって、駅まで20分ほど歩かなければならなかった。11時に会社を出なければ多くの社員が最終電車に間に合わなくなってしまう。

後からわかったことだけど、私が配属されたばかりのコールセンターは、本当にできたてほやほやで、パソコンもシステムも何もなく、電話と紙という最低限の装備でお金を回収しなければならないイレギュラー中のイレギュラーな状況だった。

後にパソコンが導入されると入金のチェックも督促状の発送ももっと短時間で行うことができるようになり、9時過ぎには退社できるようになったのだが、そんなことは、当時はわからない。

（なんだこれ、こんな仕事ぜったいおかしい!!）

督促という仕事の内容も、職場の環境も、思い描いていた社会人像とは遠くかけ離れていた。

ひょっとしてここは〝ブラック企業〟というやつなんじゃないか……？　という考えが頭をよぎる。

けれど、コールセンター以外の部署に配属された同期に話を聞くと、その同期はちゃんと9時から18時の勤務時間で仕事をしているのだ。

（ず、ずるい!!）

私は全力で人事を呪った。私が配属されたコールセンターだけが特別なブラック企業ならぬ、〝ブラック部署〟だったのだ。

ゴールデンウィーク後、涙の12連勤

朝から晩までコールセンターに閉じ込もって電話をしているうちに、花見をする余裕もなくハラハラと桜が散って、アッと言う間に5月になった。

5月と言えばゴールデンウィークだ！　やっとまとまった休みが取れる。

「ねぇ、N本さん～、ゴールデンウィーク、連休欲しい？」

「え、ええハイ……できれば……」

私がカレンダーを見ながらワクワクしていると、高田純次課長がなにやら良からぬオーラを発する紙をもって、近づいてきた。

「ゴールデンウィークはカレンダー通りだと5連休だよねー。別に5連休取ってもいいんだけど、そのあと12連勤になるけど、いい？」

「はあっ⁉」

私の働くコールセンターは、お正月以外、土日祝日を含め一年中営業している。私の会社のカードは銀行の引き落としが月末と月初にされるので、コールセンターでは月末と月初に大量の支払い延滞の債権が発生する。月初のゴールデンウィークはとても忙しい。ゴールデンウィークが明けてしまうとお客さまもお金がなくなってしまうので、ゴールデンウィーク中にいかに回収するかがコールセンターの回収数字を左右していた。

でもゴールデンウィークに人員が集中してしまうと、その人たちの代休消化でその後が手薄になってしまう。ゴールデンウィークにお休みを取る人は、代休社員の穴埋めのためその後12日間の連続出勤が決まっていたのだった。

「ゴールデンウィーク出社するか、ゴールデンウィークお休みしてその後の穴埋めにまわってもらうか、5月のシフトはどっちかなんだよねー」

（お、鬼……！）

高田純次課長のささやきに、思わず涙ぐんだ。私はもうすでに、ゴールデンウィークは友達と旅行に行く計画を立てていたし、なにより早く連休が欲しかった。もう休まないと限界だ！

「12連勤で……お願いします」

「了解〜」

そう言って悪魔のシフトに私の名前を書きながら、課長はまたもや軽い足取りで去っていった。

頼みづらいことを頼む、
断りにくいことを断る!
督促OLの
コミュ・テク!

その1
約束日時は相手に言わせる

「入金の日にちと入金の根拠は絶対にお客さまの口から言ってもらうこと!」
「は、はい……!」

私がコールセンターに配属されたてで、まだ何もできなかった新人時代。先輩からお客さまに電話した時に「これだけは死んでも聞け!」と言われたのが、この2点だった。

なぜ入金日と入金根拠をお客さまの口から言ってもらうのかというと、万が一入金の約束を破られてしまった時に、お客さまの口から日時を言ってもらっていれば「お客さまがおっしゃるからお待ちしていたのに～」と相手の罪悪感をちょっぴり刺激することができるのだ。

私の働くコールセンターでは、入金の約束をしたお客さまが、その約束を守ってくれる確率は約6割。4割は約束を破る、だから約束を破られた時のために、あらかじめ交渉の材料を用意しておくことはとても重要だ。

約束を破られた直後はある意味チャンス。

約束を破った直後に電話をすると、まだお客さまの心の中に「約束を破ってしまって悪いな」という負い目がある。そこで交渉にその「罪悪感」を利用する。

私が督促ができなくてもがいている時に出会った、心理学の名著『ブラックメール――他人に心をあやつられない方法』（スーザン・フォワード著、亀井よし子訳、日本放送出版協会）という本の中に、人間がつい無意識に動かされてしまう三つの感情が紹介されていた。その三つとは「恐怖心」「義務感」そして「罪悪感」だった。

言われてみれば回収ができる先輩たちは、たしかにお客さまに入金してもらう時にこの三つの感情を絶妙な加減で刺激している。

昔っから「借金の取り立て」といえば怖いイメージがあるように、回収は長い間、この人を操る三つの感情の中でも特に「恐怖心」を煽《あお》って行われていた。

ただ、法律が変わり、お客さまに強く言うと罰せられてしまう昨今、お客さまの「恐怖心」を過度に刺激することは禁止されている。

もしも今、あえて恐怖心を刺激しようとするなら、

「長期に延滞するとカードが使えなくなります、お客さまはまだお若いんですから、この先お金が借りられなくなりますよ〜」

と言って「将来必要な時にお金が借りられなくなる」という恐怖を刺激するといった方法くらいなものである。

また、コールセンターにはお客さまの「義務感」を刺激するのが上手な先輩もいる。そもそも私たちはお客さまが使った代金を立て替えているのでお客さまには支払いの義務がある。

「お客さまが使ったものなので、お支払いを頂かないと困ります」

と正攻法で攻める。ただこの方法は下手すると「そんなことわかってんだよ！」と反発される可能性が大きいので、「義務感」を煽るのはそうとう年配の社員や威厳のある人がやらないと難しい。

そして三つ目の「罪悪感」、そう、私のように気弱でヘタレで相手に物事を強く言えない人間が狙うのは、もうこの感情しかない。

一度入金の約束をしたにもかかわらず、その約束を守ってもらえなかったお客さまには、

「お客さまが×日にご入金してくださると言うからお待ちしてたんですよ……」

こう訴えることで罪悪感を刺激するしかないのだ！

だから、約束を破られてしまった時のために、入金日と入金根拠はぜひお客さまの口から言ってもらう必要がある。

これは督促だけでなく、しょっちゅう遅刻したり仕事の締め切りを守らない相

手にも有効だ。待ち合わせ時間や締め切りを相手の口から言ってもらえば、「日時はあなたが決めたんじゃないですか～」と相手の罪悪感を刺激できる。

「言質《げんち》を取る」という言葉がある。質には人質や抵当という意味があるらしい。そう思うとなかなか恐ろしい響きを持つ言葉だけど、約束は相手の口から言わせることで、よりいっそうその責任を重くすることができる。人と約束をする場合は、日時と場所を相手の口から言ってもらうことが重要なのだ。

03 ストーカー疑惑と襲撃予告

私たちが督促に使える手段はこの2つです。
電話
てがみ
督促状
そして基本的に会社名を名乗りません
内緒
内緒でお金を借りているお客さまが多いからです。
ハイ
あ
ご主人さまいらっしゃいますか？
…どういうご関係ですか？
家族には内緒希望か…
えっと、ただの知り合いですけど…
フリーダイヤルが知り合いのわけないでしょ！
私もそう思います。

日の光の当たらない収容所のようなコールセンターで働きはじめて数カ月、私は、自分が囚人のような気持ちになりはじめていた……。そして、実際に、お客さまからも犯罪者よばわりされることも多いのが、この仕事だった。

督促の仕事をしていると目の前に色んな障害が立ちふさがってくる。中でも意外と難しいのが、契約のあるご本人よりも、契約者さまの前にそびえたつ「家族」という壁だったりする。

ある日、いつものように延滞しているお客さまの自宅に督促の電話をかけた時のこと。

「だからアンタはどこの誰かって聞いてるのよぉ――!!」

受話器越しでも伝わってくる相手の剣幕に、私は思わず「ひぃ」と小さく悲鳴をあげた。

時間は夜の8時過ぎ、この時間ならサラリーマンで、会社勤めをしているお客さまも帰宅している可能性が高いので、私は自宅の固定電話にターゲットを定めて督促の電話をかけていた。

けれどそこで電話に出たのは、契約者の奥様。

「あの～恐れ入ります、わたくしN本と申しますが、○○さまは御在宅でしょうか?」

「どういったご用件ですか？」

「ええと、○○さまにご確認したいことがありまして……」

「……アンタさぁ、○○とはどういう関係なの？」


不信感が滲《にじ》む声色に、私は内心（これはまずい……！）と焦る。

クレジットカードやキャッシングは、家族に内緒で利用されているケースがある。契約を結ぶ際には「家族に内緒」「配偶者に内緒」といった項目があり、お客さまがこの項目にチェックした場合は絶対に家族や配偶者に会社名や契約内容を知られてはいけない。

借金をするというのはものすごーく繊細な事柄なので、万が一、家族に内緒でしている借金がばれてしまうと最悪それが原因で離婚！……などということにもなりかねない。

会社名を名乗れない苦悩

「ちょっと、何なのよ!?　どこかの会社からかけてきてるの!?」

「こ、個人的にお電話をしています……」

家族に会社名を名乗れないとなれば、個人で電話をかけていることにするしかない。

私は早々に「いらっしゃらなければ結構です」と電話を切ろうとした。しかし、その瞬間、受話器越しに相手の鋭い声が突き刺さった。

「さてはアンタ、主人のストーカーでしょ⁉」

(えええええ——‼)

予想外の非難を受けて、私はコーチョクした。

「旦那が携帯に怪しい電話がかかってくるって言ってたけど、自宅にまで電話をかけてくるってどういうことよ⁉」

ああ、それも多分ウチからの督促の電話ですよね……着信に気付いてくれてるなら出てくれればいいのに。そしたら自宅に電話することもないのに。

「ふざけんじゃないわよ!!　アンタどこの女なの⁉」

「え、ええと――」

（いやマズイ、ここで切ったら私が原因で要らぬ夫婦喧嘩の火種を生んでしまうんじゃないか！　なんとかしなきゃ！）

焦りに焦った私は、奥様に散々罵倒《ばとう》されながらも、なんとかセールスを装い電話を切ることができた。

（うーん、バレなかったかな……。し、しかし、なんで私がストーカー……。おたくのご主人、そんなにカッコいいんですか……）

ちょっと見てみたい気もするけど、なんとか気をとりなおして、私は次の電話をかけた。


通報されそうに⁉

今度は、やや高齢の女性の契約者さまの自宅だった。電話口に出たのは契約者の旦那さま。

「怪しいセールスならいらないと言ってるだろう!!　怪しい会社だな！　名を名乗れ！」

(な、名乗れるものなら名乗りたいですよ……でもあなたのご家族が、家族に内緒にしてほしいって希望を出してるんですって～)

「キサマ、さては振り込め詐欺だろう、この詐欺師！　訴えてやる！　訴えてやる!!」

振り込め詐欺と間違えられてあやうく通報されそうになる。

(今度は詐欺師かー……)

考えてもみてほしい。自分の身元を名乗らずに、電話を取り次いでもらうって、ものすごく難しくないだろうか。ストーカーだ、振り込め詐欺だと言われても仕方ないかも……。

しかし、こういうケースは結局家族に阻まれて最後まで本人とお話ができず、長期延滞になって初めて「カードが使えないんだけど……」と本人から問い合わせが入ることがままある。でも、その時にはもう手遅れで、カードは解約になってしまっていてどうにもならない。会社名を名乗れないジレンマに加え、ご家族が契約者さまを守ろうと取った行動が、結果としてご本人の信用を損ねてしまうことになるのは、なんだかやり切れない。

(家族に内緒で利用できてしまうカードが悪いのかな。でも自分のご主人や奥様のことを信用して電話を取り次いでくれる伴侶だったら、契約者さまも内緒でカードを利用しなかったかもしれないなぁ……)

私は、弱冠20歳そこそこで夫婦の深淵を見る思いがした……。

初の指名電話は〝襲撃予告〟

「わかった。そこまで言うなら、直接会って話そうじゃねぇか。N本とかいったな。

今から高速飛ばして行くから待ってろよ！」

その時私が電話をかけていたのは、30代後半の、××工業というお堅い社名の会社に勤める男性のお客さまだった。

私はなかなか支払いをしてくれないそのお客さまに食い下がって、入金のお願いをしていた。この時はいつもすぐ言い負かされてしまう私にしては珍しく、支払い日を延ばそうとするお客さまに必死に食らいついていた。

「だから、×日に払うって言ってんだろうが！」

「い、いやいや、そこを何とか……！」

そんなやり取りを続けること数十分。なかなか言うことを聞かない私にしびれを切らしたのか、相手は物騒な捨て台詞を残して電話を切ってしまった。

（え、ここに来るって……？　ま、まさかね……？）

長時間の交渉で、緊張しっぱなしで私はもう汗だくだった。その上お客さまの最後の台詞に嫌な汗が背中を伝う……。

ちなみに私が働くコールセンターの住所は、お客さまに送られる督促状にバッチリ記載されている。会社のホームページにも載っているし「どこから電話かけているんだ？」とお客さまから問われたら、情報開示として正確な住所を言わなければならない。と、いうわけで、お客さまが来ようと思えば、私の職場には簡単に来ることができる。

（いやいや、いや、き、きっと冗談だよね！）

私はとんでもなく動揺していたが、とりあえずそう自分に言い聞かせて仕事に戻った。嫌なことは頭から締め出そうと必死に仕事をした。その努力の甲斐あって、なんとかさっきのお客さまのことは忘れ去ることができそうだった。

が、そんな時、タイミング良く私の元にご指名の電話がかかってきた。

「N本さーん、お客さまから電話入ってるよー」

ご指名いただきました。嫌な予感しかしない。そして名前を聞くと案の定、先ほど電話を切られてしまったお客さまだ。動揺が隠せずなぜか半笑いの私を不思議そうに見ている同僚から、おそるおそる電話を受け取る。

「あ、〇〇さま、ですか……？　先ほどはどうも～」

「ああ。今、××インターまで来た。もうすぐ着くからな」

ひぃ！　ほ、ホントに来てる!?　しかも××インターって、結構近い！

私いったいどうなっちゃうの？　殴られるの？　跡とかつけられて家に火とかつけられちゃうの？

ガソリンが撒かれていたことも……

「か、課長――!!」

私はぷるぷると震えつつ、とりあえず高田純次課長の元へ走って報告しに行った。

でも、高田純次は、こういうことにあんまり真剣に取り合ってくれない人なんだよなぁ……。案の定、私の必死のＳＯＳは「あ、そう」と言われただけで一蹴された。

「とりあえず会社の中は、警備がいるから安全だよ～」

ちょっ!!　もし外に出た時、何かあったらどうするんだー！

私はそれから、定時までびくびくしながら過ごした。

その後も何回か「今近くにいる」「もうすぐ着く」という電話が入ったけれど、結局、お客さまは会社には現れなかったようだ。本当に近くまで来たのか、ただの脅しだったのか今となってはわからないが、会社を出てうちに帰るまでの間も生きた心地がしなかった。

後でわかったけれど、督促をしているとこういったことはめずらしくはないらしい。朝出社してみると、社屋の前にガソリンが撒かれていたこともあった。長らく督促を続けるとシューゲキ予告もキョーハク電話もなれっこになってしまう。

対策として、少し前ならコールセンターで督促をする場合、男性は「山田」、女性は「田中」などというふうに共通の偽名を使うこともできたけれど、現在はコンプライアンスの観点から本名以外を名乗ることは許されていない。

そしてついに、爆破予告

コールセンターにはいたずら電話もよくかかってくる。ある日かかってきた電話を取ると相手は名前も名乗らずイキナリこう言い放った。

「お前の会社に爆弾を送った」

「は……？」

（ばっ、爆弾⁉）

またもやアラートが鳴り響く脳内。私はどう反応してよいのかわからず、その時とっさに出てきた言葉が、

「かっ……、かしこまりました！」

だった。かしこまってどうするんだよ！

こういうお客さまというのは、要するにコールセンターや会社の対応に不満のあるお客さまだから、脅迫めいたことを言われた場合「お客さま、なにかお気にさわることがありましたか？」と対応するのが正解だ。

今なら完全にいたずらだとわかるけれど、当時の私は爆破予告のたび、びびっていた。

そして、ある日会社に行くと、机の上に大きな怪しい段ボール箱がのっていた。も、もしかして、爆弾……!?　ついに来たのか……と、私は身構えた。

「先輩、この段ボールは……」

「ああそれ、お客さまから送られてきたのよ。開けてみていいよ」

ゴクリと生唾を飲み込んでおそるおそる開けてみると、そこにあったのは緑色の大きな塊。みずみずしいキャベツだった。

（!?）

段ボールにギュウギュウに詰め込まれたキャベツの上に、一通の手紙が添えられている。

「○○県に住んでいる、××と申します。この度はお支払いが遅れて申し訳ございません。お金がなくお支払いが出来ないので、代金の代わりにうちで採れた野菜をお送りさせていただきます――」

要約をすると手紙はこんな内容だった。支払いを延滞している農家のお客さまが、野菜を直接送ってきたのだった。

「……。どうするんですかコレ？」

スーパーで売っていたキャベツの値段を思い出しながら私は先輩に聞いてみた。みんなで山分けとかするんだろうかと一瞬考えたけれど、先輩は眉間にしわを寄せてキャベツ入り段ボールを見つめた。

「もちろん受け取れないから、送り返すしかないねー」

そう、どんなに貴重なものや価値のあるものでも、私たちは換金する術《すべ》を持たないので、お送りいただいたものは返送するしかないのだった。

キャベツ以外にもコールセンターにはたまにこういった品物、例えば高級そうな海苔やお茶、昆布などが届くことがある。どれも「支払えなくて申し訳ない」という気持ちが伝わってくる。ただ、こちらとしては送り返す送料の分、経費がかかるのでむしろ困るんだけど……。

大長編私小説を読むのも仕事

ちなみにお客さまからはモノではなく、手紙をいただくことも度々ある。事情があって支払いが遅れちゃうけど、電話で話すのが苦手という人もいるのだ。ハガキ一枚に「○月×日に払います」とだけ書いてあるものから、「何これ⁇　本⁉」と思うくらいに、何万字もワープロで綴った分厚いお手紙まで。そこにはどうして自分が支払えなくなったのか、世の中の無情、政治の責任についてなど、ストーリー形式でお客さまの心の内が書いてあった。

「はい、これ、内容全部パソコンに記録しといてね」

先輩は分厚い手紙の束を私に押し付けてくる。郵送物は中身を全て確認し、内容を記録に残すのも新人の私の仕事だった。

「か、かんべんして……」

大入りキャベツの段ボールと、めくるめく長編私小説の前で、私は頭を抱えた。

私、回収の才能なさすぎ⁉

情けないけど督促を始めてしばらくたっても、私は全然回収ができなかった。壁に貼られた回収金額の成績表はいつも最下位。怒鳴るお客さまには言い負かされ、泣き落としのお客さまにも強く言うことができず、私の自尊心はもう、ボロボロだった。

「××カードのN本です、ご入金のお願いでご連絡したのですが……」
「あのさぁ、いくら電話かけてきたってないものはないよ、今度電話かけてきたら俺死ぬよ、そしたら残された家族の面倒はみてくれるんだろうねぇ、N本さん?」
「ええ⁉　そ、そんなこと言われても……!」

(やっぱり女にはこんな仕事向いてないんだよー)

自分がダメな理由を性別に責任転嫁したりするけど、皮肉なことに私と同期入社の女子社員A子ちゃんは、どんどん成績を上げて、朝礼で成績上位者として名前を呼ばれるようになっていた。

「A子さんは頑張ってるねぇ!」
(うっ……)

同期のA子ちゃんが上司に褒められるのを聞く度に、その言葉の裏では「お前は使えない」と言われているようで、ものすごく焦る。

なんとか回収数字を上げなきゃ！　と、慣れない言葉使いでお客さまに強めに督促してみたりするも、自信のなさがバレバレで、かえってあげ足を取られたり、あまつさえクレームを起こしてしまったりした。私、まったくいいところがないんですけど……。

「ご、ご迷惑をおかけして申し訳ありません！」

クレームを起こして先輩に謝りにいくのが日課となる。クレームが起こると電話でお客さまと話す時間が長くなるので、その分電話をかける件数が減ってしまう。すると、今度は電話をかける件数が少ないと怒られる。

「N本さんだめだよ、せめてもっとたくさん電話かけてくれなきゃ」

「す、すみません……」

何回謝れば気がすむのか!?　と言うくらい私は先輩とお客さまに毎日謝っていた。あんまりにも仕事ができないと、自分の存在って邪魔なんじゃないかなーと考え始める。被害妄想もここまで来ると、たぶん病気の域に片足つっこんでいたんだと

思うけれど、

「あの新入社員のN本ってホント使えないよな」

というような陰口をたたかれているんじゃないかと、空耳すら聞こえてくるようになった。

お客を信じてはいけない

「今度こそちゃんと払いますからお願いしますよ!!」

「本当ですね!?　今度こそちゃんと払って下さいますね!?」

ある日、私はお客さまに必死に頼み込まれて支払いを自分の待てる期限のギリギリまで待つ約束をした。

私がしているのは「初期督促」という延滞が発生してから2カ月間までのお客さまへの督促だ。支払いが遅れて2カ月目までに入金してもらえなければ、そのお客さまは「長期督促」を行っている部署へ移管になってしまう。

私の成績はこの2カ月目までに、どれだけ多くのお客さまに入金してもらうかにかかっている。「長期督促」の部署に移ってしまうと、お客さまのカードは解約になって使えなくなるので、会社の利益的にもマイナスだ。

お客さまに強く言えなくて入金の約束を守ってもらえない私は、この時も成績がギリギリだった。でも、電話口でのお客さまのせっぱつまった様子から、なんとかこのお客さまの言葉を信じたいと思った。

ところが、約束の日になっても入金がない。私があわてて電話をかけると、

「あ、ごめんN本さん、あの時はああ言ったんだけど、やっぱりお金ないから払えないんだよね」

「そ、そんな、お客さまぁ……！」

あっけらかんとしたお客さまの様子に、私は膝から崩れ落ちそうになる。

お客さまを信じて待っていても、毎日約束を破られる。仕事の上とはいえ誰かにウソをつかれるのはやっぱり悲しい。

そうしてまた回収できなかった私は、上司にお小言を言われるために呼び出される。

「N本、なんでこんなに期日ギリギリまで待ってるんだ？」

「す、すみません……」

「いや、だからさぁ、この期日は延ばし過ぎでしょ？　なんでこんなに待とうと思ったの」

「お、お客さまを……」

「お客さまを？」

「信じてました……」


私の言葉に、上司は心底呆れたような顔をした。

「お客さまを信じたい？　それでウソつかれて入金にならなかったんだろ？　お前、ホント馬鹿だな。本気で回収しようと思ってない、甘えてるんだよ」

（うっ……。返す言葉もございません……）

でもホントに私はまだどこかで「貸したモノはちゃんと返してくれる」というお

客さまの良心を信じたい気持ちがあった。最初っからどうせ返さないだろう、と疑ってかかって交渉をするのはどうしても嫌だと思った。

（私って、ホント回収の仕事、向いてないよなあ……）

今日もまた破られてしまった約束と、一人だけボコンとへこんだ（つまり全然回収できてない）回収成績のグラフを交互に見ながら、私は深々とため息をついた。

頼みづらいことを頼む、断りにくいことを断る！
督促OLのコミュ・テク！

その2
「お金返して！」と言わずにお金を回収するテクニック

貸した相手に面と向かって「あのお金、返してよ！」と言うのは誰だって気が引けるもの。でも督促の仕事でなくても、社会人なら時に相手にお金の催促もするし、仕事の締め切りを守るように言わなきゃいけない時もある。

「払えるんだったら、とっとと払ってるんだよ！」
「も、申し訳ございません！」

ある日のこと、督促をしていた私は、今日も下手な言い回しでお客さまを怒らせてしまった。

電話に出てくれたお客さまにストレートに「ご入金の確認が取れていないのですが……」と切りだしたところ、相手は急に怒り出してしまった。私のストレートな物言いは相手のプライドを傷つけてしまったらしい。

うーん……、どうしたら相手を怒らせず、気まずい雰囲気にならずにお金を返してほしいって言えるのかなぁ、そんなことを考えていたある日のこと、私はたまたま読んでいた論理学の本にこんな一文を見つけた。

「人間の脳は疑問を投げかけられると、無意識にその回答を考えはじめる」

これだ！　「お金を返してください」とこちらの要求を押しつけても、相手の反発や怒りを誘う。だったら「入金できる日はいつ？」という質問を投げかけて、脳に回答を考えてもらうようにすれば、罵倒されずにすむかもしれない！

「お客さま、いつでしたらご入金いただくことが可能でしょうか？」

督促をする時にこうして質問形式にして切りだすと、相手の脳は「えっと……

○月○日に給料が出るから、その翌日だったら大丈夫かな」と考え出す。そして、

「×月△日だったら払えると思うけど……」

と答えてくれる。日にちを聞きだしてしまえば、後はこちらのものだ。

「それでは来週の木曜日にご入金お待ちしています！」と念を押して自動的に入金の約束を取り付けてしまえばいい。「お金を返してほしい」とストレートに聞くのは角が立つけど「いつだったら大丈夫ですか？」と日にちを聞けば相手に嫌な思いをさせずにお金を回収することができる。

ただ、お客さまも延滞しているだけあって中にはお金がない人も多い。入金日を聞いても「いつ返せるかわからないなあ」と返してくることもままある。こういう場合は、期日がダメなら金額を聞いてみる。

「じゃあ、いくらでしたらお支払いいただけますか？」

そこで返ってきた額が1000円でも500円でも、とにかく入金してもらう。

本当はお金はあるけれど「めんどくさい」とか「支払いたくない」とか思って入金をしないお客さまもたくさんいる。たとえ一部でも入金してもらえれば「この際、残りもきれいにするか」という心理が働くのか、その後の入金率も高まる。

「お金を返して」と言うのではなく「何日に払える？」と尋ねる。日にちがわからないと言われたら「いくらだったら払える？」と質問を変えてみる。これで、相手との雰囲気を悪くすることなく入金の催促をすることができる。

私の友人に仲間内の飲み会の幹事を引き受けてくれる優しい女の子がいる。彼女はいつもお会計を引き受けているのだが、中には酔ってそのままお金を払わずに帰ってしまう人たちがいて、後日「飲み代を払ってほしい」と言い出せず自腹を切ってしまうこともあったそうだ。そこでこの2つの方法を伝えたところ、ずっと楽に連絡できるようになり、今では100%回収しているらしい。

「なんだ督促の仕事も役に立つじゃん」

と私はその時、ちょっとだけ嬉しかった。

04
謎の奇病に襲われる……

「なんじゃこりゃぁぁーー」

真夜中、松田優作のように私は叫んだ。

息苦しさを感じて目を覚ますと、なぜだか枕が濡れている。電気をつけてみると一面真っ赤に染まっていた。血だ。出血元は私の鼻、どうやら寝ている間に鼻血を出してしまったらしい。体が鉛のように重く、寒くて震えが止まらない。

「げっ!!」

体温計に表示された数字は38・5度だった。

私はまた病原菌パラダイスのコールセンターから、風邪をもらってきてしまったんだろうか……。

(明日会社を休まないといけないかなぁ、でもちょっと病欠できるって嬉しいかも……)

そんな不謹慎なことを考えながらも、血まみれの枕カバーを洗濯かごに放り込んで、私は再びバタン、とベッドに横たわった。

ところが翌朝目が覚めてみると、熱は36・6度に下がっていた。

昨夜の熱はなんだったんだろうと思いつつも、平熱ならば会社に行かなければならない。平常通り出社すると、いつものように朝から晩まで督促の電話に追われる。その日は何事もなく過ぎていったのだけれど、夜、私はまた高熱を出して目を覚ました。

「38・7度……」

何回測り直しても数字は変わらない。そしてやっぱりこの熱は朝になると平熱に下がるのだ。

毎晩、夜中に熱が出て、朝になると平熱になるということを繰り返すようになった。次第に私の体はおかしくなっていった。

モノを食べるとお腹が下る、髪の毛が異常に抜けて10円ハゲができる。特にひどかったのが肌荒れで、ニキビが頬から首筋にかけて一面にできて真っ赤にヤケドしたような状態になっていた。たかがニキビもこのくらいまで悪化すると、風がそよいだだけでとっても痛い。

毎晩2時くらいになると決まって高熱を出して目が覚めるので、昼間は寝不足のせいでふらふらとしていた。

やっぱり、心・因・性!?

（これは、体がどっかおかしいんじゃないだろうか？）

毎晩謎の高熱にうなされ、これはマズイと思った私は、休日出勤の代休を使って病院に行くことにした。だけど1万円以上払って血液検査やら色々したのに、結局どこも悪くないという診断結果が出た。

（いや、なんともないはずないって！）

だって夜中には熱も出るし日中歩くだけでもしんどい。でもお医者さんがどこも悪くないと言うならしょうがなかった。

ただニキビだけは辛かった。女って肌が汚いと何しても綺麗に見えない。私の顔は、痛くて化粧もできない状態だった。

仕事は相変わらずハードで、朝早く出社してお客さまに怒鳴られながら夜まで督促をする。回収の目標数字は全然クリアできず上司にも怒鳴られる。繁忙期には6、7連勤のシフトを組まれることもザラだった。

（考えたくないけど、この体の不調って精神的なモノが原因……？）

熱に続いて今度はカラ咳が止まらなくなり、とうとう電話の仕事に差しさわりが出るようになってきた。またまた病院に行って血液検査やレントゲンを撮ったりしたけれど、アレルギーでも喘息でもなく、なぜ咳が出るのかこれも原因不明。

「どこもおかしな所はないんだけどねー」

お医者さんにそう言われる度に、私の心には「心・因・性」という文字が浮かぶ。いいかげん、病院代で給料がガンガン消えていくのもむなしくなっていた。

カウンセリングはビジネスライク

「よし、心因性ならカウンセリングを受けてみよう！」

ある日、そう思い立った私は、ネットで調べて都心にあるカウンセリングルームに行ってみることにした。
カウンセリングって初めてだけど、どんなことしてくれるのか気になるし、とちょっとわくわくした。そうして出かけた繁華街のビルの一室にあるそのカウンセリングルームは、白いインテリアで統一され、アロマが焚いてあっていい香りに満ちていた。

「どうされました？」
（おおっ、なんかよさそうだ！）

出迎えてくれたのは、白衣を着た年若い女性のカウンセラーさんだった。私は緊張しつつ、ぽつぽつと、カウンセラーさんに促されるままため込んでいたものを吐き出していった。

「毎日お客さまに怒鳴られるのが辛いんです……」
「大変ですね」

「朝から晩まで会社にいなきゃいけなくて、上司はもう少しの辛抱だっていうんですけど、こんなに大変なのは私の部署だけで……うっ」

「そうなんですか……」

聞き上手なカウンセラーさんに優しい言葉をかけてもらい、張り詰めていたものが緩んでいく。次第に涙が出てきた。

こんな初対面の人の前で泣くなんて、カウンセラーさんてやっぱりすごいなぁ、と私は泣きながら感心していた。

そして、しばらく泣いて、差し出されたティッシュで傍らの小さなゴミ箱がいっぱいになった頃、カウンセラーさんがパタン、と何やらカルテのようなものを閉じて言った。

「では、お時間ですので」

「え!?」

確かにカウンセリングは時間制、1時間なのですが、私、開始10分位から泣いちゃって悩み事とか全然しゃべってないんですけど……。

「8000円になります」

「は、はい……」

私はあわてて、泣きはらした目をこすりながらお財布からお金を取り出した。カウンセラーさんはそれを受け取って領収書を渡すと、ぽんっ、と私を外に送りだした。

外に出されて気がついた。いままで号泣していた私はこれ以上なく目が腫れてものすごい顔をしている。通り過ぎる人がいったい何があったのか、と私の顔をチラチラ見ていく。

(ええ!　こ、このまま放置!?)

私は顔を必死で覆い隠して、駅までダッシュした。

(ビ、ビジネスライク過ぎるだろぉぉぉぉ!)

なんとこの世は冷たいことよ……。私は大都会に向かって叫んだ。

そして、彼もいなくなった……

『最近忙しい？』

（ま、まずい！　メール返信してなかった！）

コールセンターで朝から晩まで督促をし、家に帰るともう日付が変わっていた。一日中鞄に放り込んでいた携帯電話を見てみると何件もの電話の着信履歴があった。

社会人になったばかりの頃、私にも一応彼氏なるものがいた。

最後にメールを返信したのはいつだっけ？　と携帯を見ると4日前。コールセンターには携帯電話の持ち込みが禁止されている。カメラ機能が付いているため、個人情報の流出の危険があるからだ。

携帯電話は鍵のついたロッカーに一日中入れられている。休憩を取る暇もなく電話をしなければならなかった私は、携帯のメールチェックもできなかった。仕事が終わると疲れ果てていて、一日中お客さまと電話でしゃべっているので、仕事が終わってまで電話で話す気になれない。

『返信できなくてごめん！　今日も朝から晩まで仕事でね……』

4日ぶりにメールに返信したけど返事は返ってこなかった。申し訳ないけど、それにほっとしてしまう自分がいた。

メールのやり取りも正直めんどくさいなぁ……。週末会う約束をしているけど、仕事でヘトヘトで本当は寝ていたい。会ったところで仕事の愚痴しか話題はないし……。そのころの私は督促の仕事がいっぱいいっぱいで、自分にも他人にも構っている余裕が全然なくなってしまっていた。

ユニクロパンツから紙パンツ

毎日家に帰ると倒れるように眠ってしまうので、掃除も洗濯もできずに洗濯物がどんどん溜まっていく。替えの下着がなくなると乗換駅のユニクロでパンツを買って帰った。ユニクロが閉まっているとコンビニに行く。コンビニで売ってるパンツはお世辞にもあんまりかわいくないと思うんだけどこの際しかたがない。

一日中パソコンに向かう仕事なのでドライアイで目がカピカピになる。私は即コンタクトをやめて高校生の時から家でかけていたダサいフレームの眼鏡を会社にしていくようになった。ファンデーションが切れてもデパートに買いにいく余裕がなくて、そのうちスッピンになった。

私は確実に女子ではない生物になりつつあった。

ある日出社すると、先輩が私をまじまじと見てこんなことを言い放った。

「お前さ、最近女として終わってるよな……」

（ひどすぎる!!）

その一言はグサリと胸に突き刺さったけれど、でも実際そのとおりだった……。

ただでさえ督促の仕事は女子力が急低下する。

女の子は「かわいい」とちやほやされて輝く生き物なのだ。毎日お客さまの罵詈《ばり》雑言《ぞうごん》を浴びてキラキラしたオーラなんか出せるか！


そして、夏の終わり頃、確実に低下していく女子力と、一向に戻ってこない返信メールにとうとうブチ切れた彼氏に「俺と仕事とどっちが大事なの!?」とフられてしまった。

「お、落ち着いて！」「そんなの選べないよ！」と必死で取り繕《つくろ》ったけどもう遅かった。


その頃私はコンビニパンツが家にあふれたため、紙パンツ生活に突入していた。これではまぁ、彼氏どころではない。「紙パンツをはいた女は、フられても仕方ないよなあ……」

私は妙に納得し、人知れず涙を流した……。

サークルのOB会で

しかし私は、自分がこんな惨状に置かれていても、まだ希望を捨てていなかった。新入社員はきっと多かれ少なかれみんな大変に違いない。この大変な時期を乗り越えて、立派な社会人になっていくのだ。今は社会人になるための関門に違いない。

そんなことを自分に言い聞かせながら仕事に耐えていた入社1年目の夏、私はサークルのOB会で卒業以来会ってなかった大学時代の友人と久しぶりに会うことになった。きっと、同級生たちもみんな大変なはず。みんなで仕事の愚痴を語り合えるに違いない。

席に案内された私を見て、先に来ていた友人たちが、叫んだ。

「だ、誰!?」

「……え？　N本ですけど……」

「ぎゃーっ、どうしたの？？」

学生時代の友人たちは私を見て目を見開いた。

「なんか、体が半分くらいになってる!?」
「顔が酷《ひど》いよ！　頬が、頬がこけてるよー！」

入社して数カ月、仕事のおかげで私の体重はめでたく10キロ減っていた。
そして、そんな人は他に誰もいなかった……。

キラ星のような同期たち

私は大学時代、あまり顔を出してはいなかったが推理小説研究会というサークルに所属していた。卒業して1年目のOBとOGはOB会で先輩方に挨拶をするのが慣例だったので、幽霊部員だった私にもかろうじて声がかけられた。

ちなみにこのサークルはOBに直木賞作家がいたりする歴史あるサークルだった。
卒業生は出版社やテレビ局などのマスコミ業界に進む人たちも多い。そのOB会は

200人ほどのOB、OGが参加し、ホテルの高層階にあるラウンジを借り切って行われていた。

なんか場違いなところに来てしまったなぁと居心地悪く感じていた、その時だった。

「今年度のOB、OG1年目の方は前に出てください」

(!?)

突如私たちは壇上に上げられ、就職している会社を発表させられることになってしまった。こんなの聞いてない！　私は青くなった。

「××社という出版社で働いています、○○です。本年度は××先生の本を担当しました」

「××新聞に入社しました、△△です」

「××というゲーム会社に就職しました」

優秀な同期たちはみなキラ星のごとくいい会社に就職している。誇らしげに自分の仕事を発表していく同期たち。この就職氷河期によくぞ入れたなぁという難関の人気企業ばかりである。

「……○○カードという信販会社で、債権回収をしています……N本です」

そして、最後に私の番が来た。やせ細った私は、消え入るような声で自己紹介をした。発表が終わると私は逃げるように会場を去った。

「どこの会社で働いてるの？　どんな仕事してるの？」

そう聞かれる度に顔から火が出そうになった。

「督促って何？」

「えー、借金回収!?　コワーイ」

同級生の一言がグサグサと胸に刺さる。

この会場にいるのは、みんな華やかに有名人と接して、たくさんお給料をもらって、誇れるような仕事をしている人たちばかりだ。なんで私はこんな場所に来ちゃったんだろう。

いたたまれなくて、私は自分の何もかもが恥ずかしかった。

その3
いきなり怒鳴られた時に相手に反撃する方法

コールセンターは督促の電話をかけるだけでなく、お客さまからかかってきた電話にも対応している。ある日私のところにもお客さまからの電話が入ってきた。受電の着信を知らせる電子音が鳴りやんだその瞬間だった。

「オイコラ!!　どうなってんだよー!!」

鼓膜が破れるのではないかと思うくらい大きな声で、お客さまの声がヘッドフォンから響いてきた。

怒鳴られたショックで、私の思考回路は一瞬にしてフリーズしてしまう。

「カードが使えねぇじゃねえか！　どうにかしろ!!　××××、○○○○!!」

お客さまは何やらTVだったら放送できないようなお言葉で怒鳴り続けているが、とりあえず怒鳴りつけられたショックでこちらは頭が真っ白。相手が何を言っているのか理解できないし、こうなるともう督促の交渉どころではない。

コールセンターには毎日、こんなふうに取った瞬間に怒鳴りつけられるようなクレームの電話がかかってくる。クレームの電話を受けると、対応に慣れていないオペレーターは緊張とショックで固まって受け答えができなくなってしまう。突然のことに泣き出してしまうオペレーターもいる。

でも私たちはこういったお客さま相手にも督促をしなければならない、フリーズしている場合ではないのである。じゃあ、相手にいきなり怒鳴りつけられた場合、どうやって立ち直ったらいいのか。

そもそも私たちが怒鳴られると固まるのは、どうやら動物としての本能らしい。群れ動物の世界ではほとんどの捕食者が動くものを標的に狙ってくるからだ。群れの中で動いた個体から狙われる。だから人間も動物として危機を感じると固まるようにできている。

「本能には勝てないだろー!!」

私は人が怒鳴られると固まる理由を調べていた図書館で叫んだ。

けれど、ここはサバンナじゃないし、昔と違って私たちは今、群れて生活しているわけじゃない。今では1秒でも早く金縛りを解いて攻撃してくる相手に反撃をしなきゃいけない。固まったままでいる方が危ないじゃないか。

(どうにかして怒鳴られたショックで固まるのを防げないだろうか……)

そして色々と試行錯誤をした結果、一番効果的だったのはちょっと驚くぐらいに単純な方法だった。

いきなり怒鳴られてビクッと体が固まってしまったら、その瞬間思いっきり足をつねる。もしくは足の小指をもう一方の足で踏んづけるなどして、下半身を刺激するのだ。

(痛っー!!)と感じると同時に、怒鳴られたショックによる金縛りは解ける。そこからお客さまに反撃することができるのだ。

いやちょっとその方法は……と思われるかもしれないけど、これはずっと怒鳴られて言い返せなかった私を救ってくれた画期的な方法なのだ。直接つねったりしなくても足を踏ん張るだけでもだいぶ違う。

これまた図書館で発見した有名な動物学者のデズモンド・モリス氏曰く、「下肢(つまり足)には本当の気分が表れやすい」らしい。不安な人は足が落ち着かないし、足を広げている人は偉そうな印象になる。

実際、お客さまとの間にクレームを起こしたり、相手に言い負けてしまうオペレーターさんは、足元が落ち着いていないことが多い。オペレーターブースの後ろからオペレーターさんの足を見ていて、足をぶらぶらと浮かせていたり、足を組んだりしているオペレーターさんは、トラブルを起こす確率が高かった。

逆も真なりで、足を整えることで心も整えることが可能なんじゃないだろうか。いきなり怒鳴られてショックで固まってしまったら、グッと足に力を入れて踏ん張ってほしい。そうすることで早く金縛りを解くことができる。そしてお客さまに即座に反撃を開始できるのだ。

05

自分の身は自分で守る

新入社員には、たいてい教育係がつけられる。業務も環境も非人道的なコールセンターに配属されてしまった私にも、一応教育係としてひとつ上の先輩があてがわれていた。

名前をS木さんといった。

教育係と言っても、私は1年浪人して大学に入っているのでS木先輩は同い年だ。色白で細身、ちょっぴり冷たそうな印象のメタルフレームのメガネの奥の、意外に整った顔立ち……。

ぶっちゃけると、大変好みです。本当にありがとうございます。配属早々、私は〝キター!〟とテンションが上がったものだった。


ところが。


「N本さん、この電話出てみて」

「あ、はい。なんですか?」

隣の席に座るS木先輩からいきなり受話器を手渡された。差し出されたモノは反射的にほいほいと受け取ってしまう私。

「あ、その電話ね、すっごいクレームになってるから、ホントにダメだったら代わってあげるから頑張ってね」

先輩はそう言うとブチッと電話機の保留ボタンを押して解除した。

（な、なんだってー！）

文句を差し挟む暇もなく、受話器からは張り裂けんばかりの怒声が大ボリュームで響いてくる。

「馬鹿野郎!!　いつまで待たせるんだ！　いきなりカードが使えなくなったじゃねぇかよ。店で恥をかかせやがって!!」

「も、も、も……申し訳ございません！」

マシンガンのように飛び出す罵声に私はわけもわからず謝り倒す。結局そのクレームを収めるために、私は電話口で1時間以上怒鳴られ続けなければならなかった。

「なんでクレームの電話を私が代わるんですかー!?」

汗だくで電話を終わらせると、S木先輩が隣で何事もなかったかのように督促の電話をかけていた。普段あまり目上の人やイケメンに反論できない私でも、さすがにこれは腹が立って抗議した。

「あ、電話終わった？　どうだった？」

「終わったじゃありませんよ！　クレームを押しつけるとかどういうことですかー!!」

「いやぁ、そろそろクレーム対応の一つも覚えてもらいたくて」

まったく悪びれずにそう言うS木先輩。

もちろんわからないことは質問すればちゃんと教えてくれたけど、「いいからやってみろ」と色んな難しいお客さまを丸投げするのがS木先輩の教育方法だった。

冷たいのって嫌いじゃないけど、もうちょっとだけかまってほしい！

先輩からワザを盗め

「このままじゃまずい」

情けないことに私はあいかわらず、電話をかける件数もチームで最下位なら、お客さまに入金の約束を守ってもらえる率（履行率）も5割にかろうじて届く程度だった（ちなみに全体の平均は6割強である）。

片や隣のチームを見てみると、同期入社した美人のA子ちゃんは成績上位者として朝礼で毎日のように名前を呼ばれ、他の同期たちもどんどん回収数字を伸ばしている。

成績表を見れば見るほど私は暗くなった。それに新人だからといって甘えていられるほど、私の働くコールセンターには余裕がなかった。どんどん辞めていってしまう社員のせいで常に人手不足。S木先輩のように無茶ぶりの荒療治をしてくれる先輩はいたが、誰も懇切丁寧に新人に教えている余裕はない。

結局、自分でなんとか技術を盗み、這い上がるしかない、と私は悟った。

電話キョーフ症を脱出

「まず、電話をかける件数を何とかしなきゃ」

私がお客さまに入金の約束を破られてしまうのは交渉のスキルが足りないからだ。でもスキルなんて一朝一夕でそうそう身につくものじゃない。だいたい、ただでさえコミュニケーション力の低い自分は、どもってしまってお客さまとちゃんと話をすることすら危うい。

そこで私は交渉スキルはおいおい伸ばすとして、まず、電話をかける件数を増やすことにした。

督促の電話は朝の8時から夜の9時までと法律で決められている。その中でゴールデンタイムと呼ばれるのは朝の8時と夜の8時台だった。お客さまも昼間は仕事をされているので、自宅に電話をかけてお客さまと繋がるのは朝早い時間か夜遅い時間しかない。

でも、この時間に電話をかけると、

「朝っぱらから電話してくるんじゃねえ！」

「こんな夜中に何考えてるの⁉」

当然のように、こっぴどく怒られてしまう。ちなみに昼間に電話をかけても、

「今仕事中なんだよ！　かけてくんな！」

こんな具合である。八方ふさがり。どうしろって言うんだ。

（出た瞬間に電話を切られちゃったら、入金のお願いも出来ないよ～）

頭を抱えうずくまる私。すっかり電話をかけることがトラウマになっていた。電話をすることが嫌になると、何度も督促表を見返したり、電話機のボタンを押しては取り消したりと、電話をかける合間にうだうだと時間をかけるようになる。そうするとさらに電話をかける件数が減っていくのだった……。

小さな大発見

　そんな風に仕事をさぼっていると、隣のS木先輩が督促している声が、自然と耳に入ってきた。

「朝早い時間にお電話をして申し訳ございません！」

「夜遅い時間、お疲れのところ申し訳ございません！」

　おや？　先輩はなにやら電話の最初に必ずお客さまに謝っている。それにS木先輩だけじゃない、周りの督促をしている先輩も、

「お仕事中申し訳ございません！」

「申し上げにくいのですが、ご入金の確認が取れていません！」

「度々お電話して申し訳ありません！」

　と、なぜかみんな一言謝ってから話している。

そうか、人間先に謝られてしまうと、その上さらに怒りにくいのかもしれない。お客さまは、督促の電話をかけてくる私たちに、怒られたり嫌なことを言われたりするんじゃないかと警戒心を抱いている、だから怒られる前に怒鳴る。私たちを怒ることで、自分の身を守ろうとしているんだ。

だったら私たちの方から先にお客さまに謝ってしまえばいいのだ。先輩たちがやっていたのは、犬がひっくり返ってお腹を見せて服従のポーズを取るように、先に謝ってお腹を見せることで相手の警戒心を解く方法だったのだ。

（なるほど、先にゴメンナサイって言えばいいんだ！）

私はピカリと閃《ひらめ》いた。そしてさっそく電話をかけて開口一番こう言った。

「朝早くお電話して申し訳ございません！　お時間よろしいでしょうか？」

すると相手も、

「ああ、いいけど……」

とあっさり承諾してくれた。

なんだ、こんな簡単なことなの？　ぽろぽろと目から鱗《うろこ》が落ちる。今までのあの迷惑そうな反応はなんだったんだ⁉

こうして「先にごめんなさい作戦」を身につけた私は、電話をかけていきなりお客さまに怒鳴られることも少なくなってきた。電話へのトラウマも薄れてきて、やっと電話をかけるペースもなんとか人並みになった。

ちなみに「先にごめんなさい作戦」は督促だけじゃなく、人に何か言いにくいことを頼む時にも有効だった。

「ごめん！　頼みにくいんだけどさ〜、××してくれない？」

とお願いすると、相手に嫌な顔をされずに頼みにくいことを聞いてもらえるようになる。督促のおかげで私のコミュ力も1レベル上がった気がした。もしかして、督促も、コミュニケーションも、ほんのちょっとしたテクニック、技術なのかもしれない……。

「よーし、先輩のテクニックを学ばせてもらおう！」

そう決意した私は先輩方を観察し、督促のスキルを盗むことにした。私の周りは、長年の督促業務で培われた数々のスキルが詰められた宝庫だったのである。

バディ交渉術！

ただ、かける電話の本数は多くなったものの、それだけでは督促の成績はなかなか伸びない。

入社当時に比べればなんとかマシにはなってきたものの、やっぱり私はお客さまに強く督促をすることが苦手だった。いきなり怒鳴りつけてくるお客さまや、私が女だからと本気で交渉をしてくれないお客さまもいる。回収数字はすぐに頭打ちになった。

（はぁ、やっぱ私みたいな弱そうな女からの電話だと、なめられちゃうのかな〜）

落ち込んでどんよりと仕事をしている私の目の前に、二人の男性の先輩が座っていた。入社6年目のH野さんとI村さんだった。

二人は同期で同い年だけど、外見も中身も正反対だった。H野さんは一児のパパで、柔らかな雰囲気の優しい先輩。督促でも穏やかながら論理的な交渉で相手を説得し、入金してもらうのを得意としていた。

一方I村さんは昔やんちゃしてたことのある、ちょっと派手目な外見の先輩。督促もどちらかというと強めに出るタイプだった。

お客さまトレード

「H野、このお客さま、お前向きだから頼むよ」
「了解。じゃあI村君、このお客さまにちょっとガツンとお願いしていい？」

（……ん？）

ふと顔を上げると、目の前の先輩たちがこんなやり取りをしつつ、お客さまの情報をトレードしていた。

そのままこっそりとのぞき見ていると、H野さんは自分の担当しているお客さまの中で、どんなに筋道を立てて話しても入金してくれないお客さまをI村さんに渡し、I村さんは話しているうちに感情的になりつい口論になってしまうお客さまをH野さんに渡していた。

「このお客さまもI村君向きだから、あげるよ」

「H野〜、俺、このお客さまにちょっと強く言いすぎちゃった。フォローしてくれる？」

二人は自分では回収できないと判断したお客さまを、自分とは違うスタイルで督促を行っている相手に渡して、お互いに手法を変えて督促を行っていたのだった。

I村さんが持っていたお客さまをH野さんが回収すれば、当然回収をしたH野さんの成績になる。でもI村さんからしてみれば、苦手なタイプのお客さまに割く時間をそれ以外の督促に充てることができるし、お互い得意なタイプのお客さまをトレードすれば二人で回収成績を伸ばしていける。お互いの強みと弱点を把握して協力しながら次々と延滞を解消している二人を見て私は衝撃を受けた。

「そっか〜、督促って一人じゃできないんだなぁ」

私は今まで抱え込んでいたお客さまの督促表を並べた。

(この人はダメ、この人はもうちょっと試してみよう……)

そしてどうしても入金してくれないお客さまは、別の男性社員に督促してもらえるよう頭を下げに行った。すると男性が電話しただけで、そのお客さまはすんなりと支払いをしたのだ。しかも私と話す時は終始上から目線だったのに、男性と話す時はなんだかおとなしい話し方になっている。

(なっ……！　男性が電話しただけでコレ!?)

悔しさと意地を捨てる

お客さまの、男女であからさまに違う態度はなんだかとっても悔しい。でももしあのまま私が意地を張ってお客さまを抱え込んでいたら、最後まで回収できずに長期督促を行う部署へと債権が移ってしまっていたかもしれない。そうなったら私の個人成績だけじゃなく、会社としても損失になってしまうし、お客さまの信用情報にもキズがつく。

自分が成績を上げたいからと苦手なお客さまを抱え込んでいても、いいことなんてない、と私は悟った。それからは、自分では難しいと判断したお客さまは強く言える男性社員にお願いし、逆に私は男性だと家族が警戒して電話を取り次いでくれない女性のお客さまを引き受けることにした。

お返しにという気持ちで始めた女性への督促だったけど、今までどんな男性が電話をかけても話すことができなかったお客さまでも、私が電話をすると繋がるようになり、いつもよりも早く回収できる債権が現れた。

人には長所短所が必ずある。もしどうしても自分で回収できないのなら、プライドをしまって他人に頼めばいい。誰だってできないことがあるし、それを自覚することも一つの成長なのかもしれない。

お客さま4タイプ

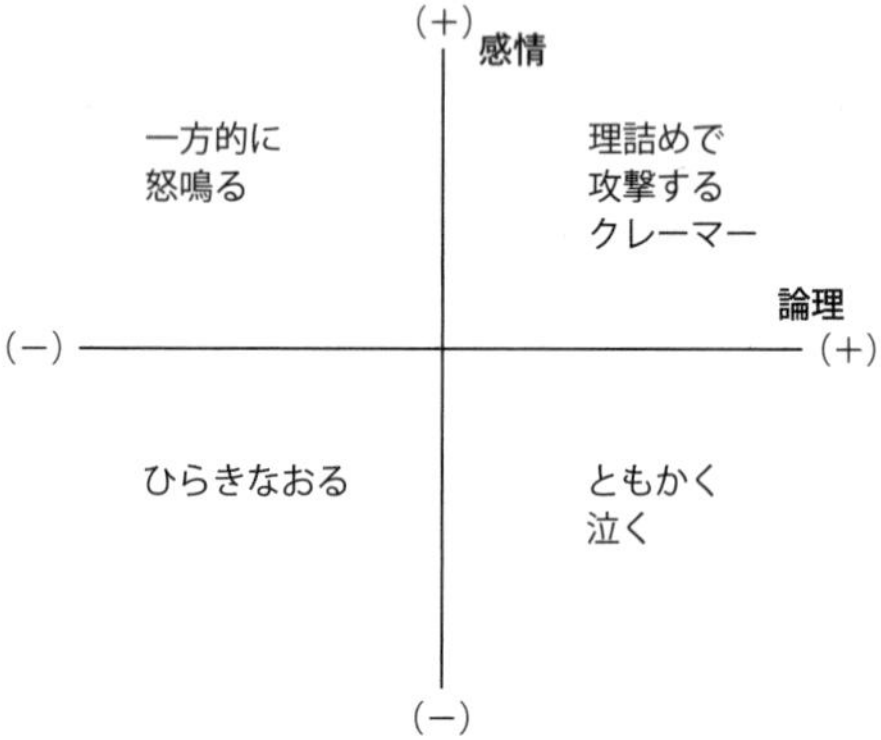

お客さまタイプ別攻略法

そういえば、お金を払ってくれないお客さまにもタイプがある。それに気づいた私は入金をしてくれないお客さまを四つのパターンに分けてみた。毎日が泣きたくなるような交渉の中で、お客さまを血液型別性格診断のように分類し、楽しむのは、ちょっと面白い。「お！　このお客さまは××タイプかも！」とばっちり当てはまると交渉がちょっと楽しくなった。

ちなみにその分類方法は、感情と論理、プラスとマイナスでお客さまをパターン化するもの。

感情（＋）は怒るお客さま、怒鳴ったり脅迫してきたりする人たち。
感情（－）は泣くお客さま、女性に多い。
論理（＋）は、理詰めで攻撃をしてくるお客さま、いわゆるクレーマーと呼ばれるタイプ。
論理（－）は、理屈が通じないお客さま。ひらきなおるタイプだ。

そしてお客さま別に対処方法を考える。

感情タイプはまずガス抜き。怒っているお客さまはひたすら怒ってもらうし、泣いてしまうお客さまは相手が泣きやむのを待つ。以前、クレーム専門のコールセンターで働く人にクレーム対策のコツとしてこんなことを教えてもらったことがある。

「怒っているお客さまに時間を与えるとさらに怒りが増します。オペレーターには電話を保留にさせるのではなく折り返しにさせます。保留中にもっと怒り出しますからね。怒っているお客さまは溜めずに発散させることが大切です」

感情タイプのお客さまは感情を発散させてから、落ちついたところで入金の目途《めど》を聞くと上手くいくようだ。

お金があっても払わない「論理タイプ」

論理タイプのお客さまは、お金を持っているが支払いを拒否する人が多い。

以前、私は借金をして延滞をしたけれど支払いをかたくなに拒否していたという男性に「なぜお金を持ってるのに払わないんですか？」とインタビューしたことがあった。

「嫌いな人にはお金払いたくないじゃないですか、借りたお金を返せって気持ちがある人にはお金払いたくないんですよね。熱心だと感じる人にはお金を払いますよ。でもしつこい人はダメです、上から言ってくる人には絶対に払いません」

その男性は、お金はあるけどお客さまが支払いを拒む理由を二つ教えてくれた。一つは「会社や社員が気に入らない」。そしてもう一つは「買ったものが気に入らない」という理由なんだそうだ。

営業に押し切られて必要じゃないのに買ってしまった商品や、自分が「ムダなんじゃないか」と思っている商品を買ってしまったお客さまは、支払いをしないことで自分を正当化しているのだそうだ。

だから論理タイプのお客さまから回収をするには、決して上から督促しないこと。相手のプライドを満たすことが攻略の鍵になる。

タイプ別の分析をしてお客さまを見渡すと、今まで、絶対無理！　と思っていたお客さまでも、対応の仕方がわかるようになってきた。そして、論理タイプのお客さまのプライドを満たすことなら、男性よりも女性のほうがうまいかもしれない。

督促女子のお客さま研究会

「そういえば私、この前、タコ部屋のお客さまから回収しちゃった！」

女子力の高い白いふわふわとしたニットと手に持ったビールのコントラストがまぶしい同期のA子ちゃんは、朗《ほが》らかな顔でとんでもない単語を口に出した。

「タコ部屋!?」

私はビールを吹きそうになる。職場で絶滅危惧種に指定されるほど数が少ない「女子社員」だった私とA子ちゃんとは、よく二人で飲みに行った。仕事の後、冷たいビールを飲みながら女友達と仕事や恋愛の話をするのは唯一の楽しい時間だ。

督促をしていると、たまに人里離れた工事現場に「長期出張」しているお客さまに出会う。あまり詳しく突っ込んで聞けないのだけど、どうやら世間の違法な貸金業者からお金を借りるとこういった職場を斡旋《あっせん》されるらしい。

人里離れた山奥の工事現場で一日中肉体労働をし、プレハブ小屋で共同生活をおくる。お給料は日払いだけど、借金している分をあらかじめ引かれるため手元に残るのは煙草代くらいなんだという。あくまで噂だけど。

そういう場所にいるお客さまにはそもそも電話が繋がらないし、督促状も届かない。だから連絡がつくことすらレアだけど、そういった状態のお客さまに入金してもらうのは輪をかけて難しいのである。

「今、山奥にいてさぁ、入金する手段なんてないんだよね」

A子ちゃんが電話をかけた50代の男性は電話口でそう言ったそうだ。ずっと通話停止状態だった携帯電話がやっと繋がったと思ったら、いきなりの支払困難。

「うちのカードはコンビニでも入金ができますが、コンビニもお近くにはないですか？」

入金する手段がないと言いつつ、実はお金がないんじゃないんだろうか？　なんてちょっぴり意地悪な詮索をしつつA子ちゃんは会話を進めた。

「んー、2時間くらい歩けばないことはないんだけど、俺、今、山の中の工事現場にいてさ」

（あれ？　それって……）

そうして聞き出した結果、A子ちゃんはどうやらお客さまが噂のタコ部屋送りになっていることに気がついたそうだ。

「……いやぁ支払いできなくて悪いね、俺ホントにダメでさぁ」

そう言うお客さまの声にはあきらかに疲れが滲んでいる。A子ちゃんはすかさずたたみかけた。

「そんなことないですよ！　お客さまはちゃんと電話に出てくださるじゃないですか！　ダメじゃありませんよ!!」

女子力は不可能を可能にする

A子ちゃんの優しい声音に、お客さまは声を詰まらせた。

「なんか、若い女の子にそんなこと言われたの、久しぶりだな。……いくらだっけ、今度麓のコンビニに行ったらちゃんと入金するよ」

その後数日して、お客さまから数千円の振り込みがあった。ずっと連絡も取れず入金もなかったお客さま、A子ちゃんの女子力はそれすら動かしたのだった。

（さすがデキる女は違うな～）

督促していて女性というのは不利になることも多いけど、Ａ子ちゃんはちゃんとそれを武器にしていたのだった。

その4 厳しいことを言う時のツンデレ・クロージング

人間、相手が誰であろうと、厳しいことを言って嫌われたり恨まれたりはしたくない。でもコールセンターには、どんなに厳しい交渉をしても、なぜかお客さまから好かれてしまう「凄腕の交渉人」が存在する。

コールセンターの債権は、延滞している期間によって「初期延滞」「長期延滞」に分けられていた。

延滞して間もない「初期延滞」の督促は、とにかく量をさばくことが重要。つ
いうっかり忘れているお客さまが大半なので交渉の難易度もそれほど高くない。

初期延滞で入金されなかったものは「長期延滞」となり、百戦錬磨の経験をもつ「高難易度債権交渉チーム」の手に渡る。

海千山千の交渉チームの中でも、群を抜いて回収率が高かったのがT田さんという30代前半の男性社員だった。彼は支店勤務時代にその支店の債権を一人で全て回収してしまったという伝説をもつ男性だ。

T田さんは高そうなスーツを着こなした、いかにも仕事ができそうなタイプ。決してお客さま相手に怒鳴ったりはしないけれど、なかなか入金してくれない難しいお客さまを相手にしていることもあって、T田さんの周りの空気はいつも張り詰めていた。

でも不思議なことに、T田さんはお客さまに大変人気があった。「T田さん出して！　私はT田さんとしか話さないわ！」と指名の電話が入ることすらあった。

（なんであんなに厳しい交渉をしているのにお客さまに好かれるんだろう……）

気になった私は、こっそりとT田さんの席の隣に陣取り、仕事をしながら交渉の様子を観察する作戦に出た。

さりげなく聞き耳を立てていると、T田さんの電話は淡々と続いていく。

「ですからお客さま、支払えないではこちらも困るんですよ。なぜ支払ってくださらないのですか？」

長期延滞の債権回収は督促する側も辛い。相手がお金に困っているのがわかっていても、契約に則して時には厳しいことを言わなければならない。

そして、交渉も終盤に差し掛かった頃、私は思わず顔を上げてT田さんを二度見してしまった。

電話を終えるクロージングにさしかかると、T田さんの声と口調がガラリと変わった。

「色々厳しいことを申し上げましたが、くれぐれもご無理はしないでくださいね。お客さまのお体が一番大切なんですから……では、ご入金お待ちしています」

（だっ、誰だ!?　この甘い声は!?）

クロージングのT田さんの声は、思わずつっこみを入れたくなるくらい優しく甘い声だった。いきなり労《いたわ》りの言葉をかけられて、お客さまもビックリして「ハ、ハイ!」と声を上ずらせて返事をしている。

そう、これがT田さんがキツイことを言ってもお客さまに好かれる秘密だった。どんなに感じの良い交渉をしていても締めの言葉がぞんざいだったり雑だったりすると、「なんか感じ悪かったな〜」とその電話全ての印象を悪くする。でも逆に、最後の言葉さえ印象がよければ、その会話全体の印象がよくなることもある。いや、むしろ今までずーっとシビアでキツイ話をしてきた分、その後に優しい言葉が出てくると好感度が急上昇するのかもしれない。

最初はツンツン冷たくても、後からデレッと優しい。ひょっとしてこれが「ツンデレ効果」というものかっ!

相手に厳しいことを言ってもなぜか好かれてしまう、T田さんの「ツンデレ・クロージング」恐るべし。これはほかのことにも使えるかも。また一つ、督促のおかげで勉強になりました……。

06

N本、大抜擢される

ある日、いつものようにコールセンターに出社すると、私の目の保養、かつ教育係のS木先輩の姿が見えなくなっていた。

「あれ、S木先輩お休みですか？」

「あ、あいつ辞めたよ」

「へっ⁉」

なんと先輩、突然の退職……。

この頃コールセンターでは、激務に耐えかねて退職する社員が続出していた。中にはいきなり連絡もなく会社に来なくなってしまう人もいた。

(ちょっと‼　放置好きだと思ってはいたけど、最後まで放任主義すぎやしませんかS木先輩⁉)

出来たてほやほやで右も左もわからず運営されていたコールセンターも、この頃には形も整い職場環境もかなり改善されたので、もう終電で帰らずともすむようになっていた。

しかし、人間不思議なもので、息つく暇もないくらい忙しい時は誰も会社を辞めないのに、ちょっと時間に余裕ができ始めると突然バタバタと辞めていく。

4月に入社した私の同期もその例外ではなく、気がつくと最初13人いた同期の中で残っているのは8人になっていた。

次の仕事を見つけてさっさと辞める子。仕事は決まっていないけれど「もう耐えられない!」と辞表を叩きつけて行く子。三人いた同期の女の子の一人は、突発性の難聴になって電話業務ができなくなり、仕事を辞めざるをえなくなった。

もう一人の、希望の星・A子ちゃんも、勤務を続けてはいたけれど次第に会社を休みがちになっていた。

私も毎晩家に帰ると転職サイトをめぐるのが日課だった。土日にはこっそりと転職セミナーにも通っていた。

私がずるずると督促の仕事を続けていたのは、思い切って転職する勇気もなかったことと、周りに先を越されて辞めるタイミングを失っていただけだった……。そんな折、思いがけないニュースが入ってきた。

生き残っているだけで、エライ

「大抜擢だよ、N本さん!」

「ひゃっ！」

私がいつものようにお客さまに督促の電話をかけていると、いきなり高田純次課長にぐわっ！　と両肩を摑まれた。私はびっくりして変な悲鳴を上げた。

私の働く督促のコールセンターにも、一大転機が訪れようとしていた。パソコンの導入である！

ちなみにパソコンが導入されると、電話をかけてきたお客さまの情報を自動的に表示したり、入金処理がリアルタイムで反映されたり、督促状がボタン一つで対象者全員に発送されたりと、今までしてきた業務が劇的に効率化される。文明の利器バンザイ！

また、パソコンの導入と同時に、私たちキャッシング債権を督促する部署は、その他のクレジットカードやショッピングクレジットなどの債権を回収しているコールセンターと統合されることになった。

机と電話しかない「倉庫」からの脱出！　その上男子校も解体！　するのである。

そんな目まぐるしい変化の中、私に唐突に異動命令が下された。

「N本さんは来週から、一般のクレジットカードを督促する部署へ異動することになったからね」
「えっ⁉」

クレジットカードの督促部署は、債権回収部門でも花形である。督促のコールセンターに配属されて以来、回収数字がぶっちぎってドベだった私は、相変わらず交渉下手でお客さまに言い負かされてばかりいたけれど、前に比べれば悪くない回収数字を出せるようになっていた。

それは皮肉にも、今まで回収数字を上げていた優秀な先輩や同期たちがみんな退職していってしまったせいだ。優秀な人ほど早々に転職先を見つけて会社を辞めていってしまう、するとその人たちが今まで回収していた債権は自然と後に残された私たちの回収成績に入るようになる。

この頃のコールセンターは、ただ〝生き残っている〟だけでも上司に「よくやってるねぇ！」と褒められてしまう状態だったのだ。私はボロボロになりながらも、幸か不幸か、まだ生き残っていた。

そして、生き残っている社員の中で、なぜか私に白羽の矢が突き刺さってしまったのだった。

年間２０００億の回収部署へ

（クレジットカードの部署……ってあの、すごく大きな部署だよね）

私が異動を言い渡された先は、コールセンター内最大の10万件の債権を取り扱う部署だった。異動する先の部署には社員が１００名、オペレーターが３００名在籍していた。今までいた「倉庫」と比べたらとんでもない規模だ。

キャッシングの部署では1時間60本の電話をかけるノルマを課せられていたけれど、支払いが困難なお客さまとの交渉や、クレームの対応をしているとどうしても電話が長引いてしまう。１日でかけられる電話は多くて５００本位だった。

ところが異動先のクレジットカードの回収部署は、社員が直接お客さまに電話をするのにくわえ、パートやアルバイトで所属しているオペレーターに指示を出し、電話をかけてもらって回収をする。

クレジットカードのコールセンターに所属しているオペレーター３００名は、朝、昼、夜シフトで勤務し、1日約4万件の電話を発信することができる。回収数字は月約170億円、年間で2000億円。今までとはなにもかもケタが違う。

(男子校も、とうとう卒業かぁ……)

感慨深かった。私はコワモテ男性スーツ集団の部署から脱出し、打って変わって所属しているオペレーターの9割が女性という、クレジットカードの部署へ異動した。

入社半年で上司!?

「ここに立ってて」
「はい?」

クレジット部門に配属初日のことである。
私はオペレーターが電話をしているブースの真ん前にポツンと立たされていた。
コールセンターで働くスタッフというのは、まず電話をするオペレーターと、その名の通りオペレーターを補助する「サポート」と呼ばれるスタッフで構成されている。

入社以来働いていた男子校で私はオペレーターとして働いていたけれど、新たに配属されたクレジットカードのコールセンターでは、オペレーターに加えてさらにこの「サポート」のお仕事をすることになった。

「オペレーターさんが対応しきれないお客さまに当たったら、手を上げて合図するから、そうしたら電話を代わってお客さまと交渉して」

言われるがままに立たされていると、早速近くのオペレーターの手が上がった。

「上司を出せって言ってます!!　電話代わってください」

（上司って私のこと!?　まだ入社して半年そこそこなのに!?）

そう言うとオペレーターさんは、私の手にヘッドセット（ヘッドフォンとマイクが一体となっているもの）を押しつけた。

そうなのだ。電話をしているオペレーターはパートやアルバイトの非正規雇用の契約で働いている。なので、お客さまに「上司を出せ！」と言われたら、正社員である私たちが対応するのである。私が1年目の新入社員でも、オペレーターさんが勤続数年のベテランでも、ここでは私が「上司です！」と名乗って電話に出なければならない。


「お、お電話代わりました、じょ、上司のN本と申します……」

「何なんだ、さっきのオペレーターの態度は!!　あいつをクビにしないと俺は絶対に入金しないぞ！」

「え、ええっー!?」


私が新しい部署ですることになったのは、オペレーターが対応できないクレームや入金困難なお客さまと交渉する、という仕事だった。

これまでも督促の電話をして怒鳴られることはあったけれど、もちろん普通に会話をするお客さまもいた。

しかし、ここで私がお話をするのは100%なにかしら問題があるお客さまで、より濃縮されたクレームや入金困難なケースの対応をすることになる。

（なんだ、結局怒鳴られるのも、お金を返してくれないのも変わらないじゃないかー!!　何が花形部門だー!!）

結局どこまで行ってもコールセンター地獄からは逃れられない。

コールセンターの青いあくま

「今日から君の教育係になるK藤さん、仲良くしてね～」

「はぁ……」

コールセンターが統合されても結局まだ私の課長は高田純次だった。そんな高田課長に紹介されたのが、K藤さんという女性の先輩だ。

ブルーグレーのスーツから伸びる枝のように細い手足。肩口で直線に切りそろえられたさらさらの髪。切れ長の瞳が真正面から私を捉えた。

「K藤です。よろしくね、N本さん」

「ハ、ハイ!」

私はK藤さんの全身から放たれる圧倒的な〝デキる女〟オーラに思わず後ずさった。

K藤さんは30代後半。パートのオペレーターとしてコールセンターに入り、契約社員を経て正社員になった筋金入りの叩きあげ社員だった。そしてとんでもなく仕事ができる。わりと放任主義だった前任のS木先輩とは違い、教育方法は超スパルタ。

「なんでちゃんと入金根拠聞かないの? ホイホイ入金約束取って回収できるわけないでしょ」

「(交渉の)踏み込みが甘い! 私たちはお客さまに嫌なこと言うからお給料もらってるのよ」

私のモニタリング(お客さまとの電話の記録)を聞きながら、K藤さんは歯に衣着せずダメ出しをしていく。

「すみませんて言いすぎ。耳障りなのよ、今度謝ったら罰金」

「すみませ……あっ、えっと、気をつけます……」

夏はブルーグレー、冬は濃紺のスーツを好んで着ていたK藤さんは、いつも私の隣の席に座って、あまり表情のないその美貌でつっこみを入れる。

「はー……あんたって子は、いつまでもドジでかわいいOLでいられると思ってんの？」

（あ……あくま……）

コンプライアンスで厳しい昨今。パワハラって訴えたら勝てるんじゃないか⁉と思うような事を平気で言う。でも、K藤さんは仕事ができない私にとことん付き合ってくれた。早朝でも深夜でも私に付き合って職場に来て、私が起こしてしまったクレームを何十件も代わりに収めてくれた。

私はK藤さんの厳しすぎる指導のおかげで、それまでできなかった仕事がいくつもできるようになった。今でも恩人として感謝しているのだが、その頃の私にとっては、彼女は近寄ってくるだけでビビる、「コールセンターの青いあくま」だった。

また一人ダメに……

ある日、お昼休憩に抜ける途中、ふと私がオペレーターブースの一角を通りかかった時のこと。

区切られたブースに座る一人のオペレーターの女性が、はらはらと涙を流しながら電話をしていた。どうやらクレームを受けてお客さまに怒鳴られている様子。お客さまの罵声はオペレーターのヘッドフォン越しでも聞こえてくる。

（うわっ、大変!!　だっ、誰か！）

私が慌てて手を叩くと（コールセンターでは別の社員に助けてほしい時、手を叩いたり振ったりして合図をする）すぐに男性社員が飛んできてオペレーターからヘッドフォンとマイクを取り上げて電話を代わってくれた。

泣いているオペレーターは別の女性社員が付き添ってコールセンターの外へと連れていく。でも、彼女の周りにいるオペレーターはちらりと彼女を目で追った後、何事もなかったように電話を続けている。もうコールセンターではこういった出来事は日常茶飯事なのだ。

（また、一人ダメになったなぁ——）

ぽっかりとひとつ空いてしまったブースに注がれるのはそんな冷ややかな視線だった。

「N本さんごめん」去っていくオペレーターさんたち

「もうムリです、ごめんなさい……。会社に行けません」

「○○というオペレーターの夫なんですが、妻がうつ病と診断されまして……。本日付で仕事、辞めさせていただけませんでしょうか？」

出社して朝イチで取った電話で、オペレーター本人やご家族から退職の申し出を受けることも珍しいことじゃなかった。

入社して以来所属していたキャッシングの債権を専門に回収する「男子校」から、このクレジットカードの回収を行う部署に異動になった時は、正直とっても嬉しかった。

でも実際、異動してみると、そこで行われていたのは、おおげさに言うと人の消費や使い捨てのような労働だった。

オペレーターは全員がパートタイマー、アルバイト、派遣社員といった非正規雇用のスタッフで構成されている。コールセンターの離職率は高く、オペレーターは定期的に募集される。けれど最初の応募で30人が採用されても研修を終える段階では20人になり、配属されて2カ月ほどで約10人前後に減ってしまう。

彼女たちは、個人差はあるけれど1日に200件から300件の督促の電話をかけて、折り返しでかかってくる電話を取ってくれている。中には当然クレームもあって、電話を取った瞬間にいきなり「馬鹿野郎！　お前らが督促状を送ったせいで家族に借金がバレた！　どうしてくれるんだ！」と怒鳴りつけられることも珍しくない。

こういった理不尽な要求にも、オペレーターは感情的に反論することを許されず、自分自身は悪くもないのに謝らなきゃいけない。

そういえば最近は「短期のクレーム専門のコールセンター」という仕事もあるそうだ。企業で不祥事が起こった時や、消費者に謝罪の連絡をしなければならない時、日雇いのアルバイトなどに登録する人たちを集めて即席のコールセンターを作る。

電話を受ける前に行う研修では、

「お客さまから社員か？　と聞かれたら社員と名乗ってください」

とオペレーターに教えて、ひたすらクレームの謝罪だけをさせるそうなのだ。

クレームを受ける窓口に立たされている人は本当に非を負うべき人なんだろうか。コールセンターのあるべき姿って、本当にこれでいいのかな……。

泣きながらコールセンターを出ていくオペレーターさんを見送るたびに、私はそう疑問を抱かずにはいられなかった。

同期が倒れた日

とうとう、この日が来てしまった。

「ごめんねN本ちゃん、せっかく仲良くしてくれたのに……。でももう嫌なんだ、お客さまにありがとうって言ってもらえない仕事だしさ」

やつれたなぁ……。彼女を見て、そう思った。

私たちが督促の仕事に配属されてちょうど1年たったころ。コールセンターで唯一残っていた女子の同期、A子ちゃんが会社を辞めることになった。A子ちゃんは私がクレジットカード部門に異動になった後も、キャッシング専門の督促を担当していた。

彼女は私よりずっと仕事ができた。ルックスだってとってもかわいかった。入社してすぐ、いきなり高い成績を上げて朝礼で褒められていた。新入社員歓迎会で彼女が自己紹介をしたとたん、男性社員から歓声が起こった（ちなみに私の時は起こりませんでしたよ、そんなもん！）。その時の彼女のはにかみながらも嬉しそうな顔を覚えている。

いつも、回収成績がダントツドベで、怒鳴られまくっていた私は、心底彼女をうらやましいと思っていたし、憧れていた。彼女のようになりたいと願っていた。

しかし、彼女は、督促の仕事のせいでいつしか体調を崩し、しばらく休職した後、結局退職することになってしまったのだった。

「A子ちゃんみたいによくできる人でも、やっぱり仕事辛かったんだね……」

「うん、仕事なのにお客さまに嫌われるのが耐えられなくて」

そりゃそうだろう、私たち若い女の子の価値基準なんて、いかに相手に褒められて、ちやほやしてもらうかにある。

ちょうど私たちがOLになる少し前、巷《ちまた》では「愛され」という言葉が大流行していた。「愛されコーデ」「愛されメイク」……私たち20代のOLにとっては、誰かから愛されて評価をされることが存在の証明のようなものなのだ。

督促なんて仕事は世界で誰からも愛されない。そういえば私は就職活動中に馬鹿の一つ覚えのように、

「お客さまにありがとう、と言われる仕事がしたいです！」

と言って面接を受けていた。もちろんこの会社を受ける時もそう言ったのだけれ

ど、「お金を返してください！」なんていう電話がかかってきて「ありがとう」なんて言ってくれるお客さまはほとんどいなかった。

不幸になる仕事

督促という仕事が原因で、彼女は心を病んで仕事を続けられなくなってしまった。そしてそれが原因で結婚が決まっていた彼氏とも別れることになってしまった。

仕事ってなんだろう？

お金を稼ぐために、生活をしていくために、しなければいけないものだけど、人生にとって仕事がマイナスになっちゃダメなんじゃないの？　仕事が原因で働けなくなるとか、幸せじゃなくなるというのはおかしいんじゃないだろうか。

私たちは、お客さまに決して好かれない仕事をしている。私たちが「ご入金が遅れているので支払ってください」と電話をすることによって、不快な思いをするお客さまもたくさんいる。ある時、50代の女性に督促の電話をかけた際にこんなことを言われた。

「こんな人を不愉快にするような仕事、しない方がいいと思いますよ!! まじめに働きなさい、まじめに働くことだけを考えなさい！」

でもどんなにお客さまから嫌われたって、誰かがこの仕事をやらなきゃいけない。とはいえ、督促の仕事をすることで、同僚が体や心に不調を来してしまうことは、やり切れなかった。

もう少しなんとかならなかったの？　もう少し負担を減らせる方法があったんじゃない？　とコールセンターで働く誰かが辞めていくたびに悔しく思った。

よしじゃあ、いっちょ、実験しよう、と思った。

幸いなことに（?）私は督促が苦手だった。自分で言うのもなんだけど、心も体もボロボロだった。

私が督促できるようになれば、お客さまに言い負かされないようになって、お金をちゃんと回収できるようになれば、そのノウハウはきっと使える。

私の実験結果で、A子ちゃんみたいに、督促のようなストレスフルな仕事で人生を狂わされてしまう人を一人でもなくすことができたら……。その日から私の「研究」が始まった。

　待ってろよ、私から同僚をたくさん奪っていった「督促」め、カタキは絶対に討つぞ。

07

自尊心を埋める

同期のA子ちゃん。努力家で美人で、やさしい、私の憧れだった彼女が心身を壊して会社を辞めたことは、私の心に大きな穴を開けた。

それと同時に私も、このままじゃ心も体もダメになると思った。このままではきっと私も彼女の後を追う、遅かれ早かれ同じ状態になってしまうに違いない。

　A子ちゃんは、お客さまに怒鳴られたり、感謝されないことが嫌だと言って会社を辞めてしまった。その気持ちは痛いほどよくわかる。

　この督促の仕事を続けていくためには、怒鳴られたり感謝されなくても平気な「心」を作らなきゃいけない。


　でもなんで相手から怒鳴られたり、罵倒されたりすると傷つくんだろうか。そんなの当たり前かな？　でも世の中にはののしられて喜んじゃう趣味の人たちだっているわけだし(!?)、きっとお客さまの言葉に傷ついても平気になる方法があるはずだ、と私は考えた。

　例えばお客さまに悪口を言われたとする。そうするとカチンときて腹が立つか、もしくは心が傷つく。けど、なんでカチンときたり傷ついたりするんだろう。


　それは、人間には自尊心があるからだ。

　人間は誰でも自尊心を持っている。ぞんざいに扱われたり軽んじられたりすると、それが傷ついてしまう。お客さまにひどいことを言われると自尊心が傷つく。お礼を言われないと自尊心が満たされない。だからこの仕事は辛いんだ。私の痛みの源になっているのは自尊心、つまりプライドだ。

私はプライドが高かった。だって自分に自信がなかったから。自信がない人はプライドを高くすることで自分の心を守る。プライドは傷つけられないための外殻のようなものなのだ。でも、いきなり自分の自尊心を消すというのは無理な気がする。感情を消そうと思っても消えないように、自尊心も消そうと思っても消せない。

よし、わかった。埋葬しよう!

自尊心は消せない、なら埋めてしまえばいい。

そうして私は自分の自尊心を埋めに、西新宿へ向かった。ちょうど私はその頃、交渉術を身につけるために生まれて初めて20万円も投資してビジネスセミナーに通うことにしていた。K藤先輩に散々ダメ出しをされ、必死に勉強していたのだ。そのセミナーは西新宿の高層ビルで行われていた。

そのセミナー会場に入る前に、私は、少し立ち止まって、そのビルの下に自尊心を埋めることにした。

(ここが私の自尊心のお墓)

そう決心して、セミナーを受講するためにビルに足を踏み入れた。

そして埋めた自尊心に誓った。「この高い自尊心は、持っていてもおかしくないくらい私が立派になった時、きっと掘り返してあげるから！」と。私の自尊心は今も、西新宿にある、とあるビルの下に眠っている。

自尊心との闘い

でも時々、埋葬したはずの自尊心が生霊《いきりょう》となって戻ってくることもある。

ある日、私は半泣きで、お客さまからのクレーム処理をしていた。その日は名指しで私にクレームが入った。「N本の態度が気に食わないから俺は入金しない！入金してほしかったらあいつに土下座させに来い」というのがクレームの内容だ。

K藤先輩にひとしきり怒られた後に、クレームの発端になってしまった督促の電話の録音を聞き返してみる。

「おい、この忙しいのに何の用だ！」

「ご、ご入金のお願いでお電話させていただきました……」

電話に出たお客さまは最初からケンカ腰だった。

「今日入金しようと思ってたんだよ！　あーもー、お前が電話してきたからやる気なくなったわー、頭に来たからもう絶対入金しないから」

お客さまのあまりの言いように、私はついカッとなって強い調子で言い返してしまった。

「そ、そんな！　お客さまがお使いになった代金じゃありませんか！」

「なんだと⁉　この野郎、偉そうに！」

（し、しまった〜……！）

ハッと我に返った時にはもう遅かった。一度怒り出したお客さまは止まらない。

それからはマシンガンのようにお客さまから罵詈雑言を浴びせられることになり、

その後、例の私が土下座するまで払わない、という旨のクレームが入るのだった。

もちろん理不尽なお客さまの要求を突っぱねなきゃいけない時もある。でも、この場合はお客さまに言い返しちゃいけなかったのだ。理不尽だけど、クレーム処理に労力を取られるくらいだったら、その時間で別のお客さまに電話をかけたほうがいい。

感情労働はツライよ

督促や、コールセンターの仕事は「感情労働」と呼ばれているらしい。

感情労働とは、肉体労働、頭脳労働に続いて最近注目されている労働形態の一つだ。

簡単に言ってしまうと、肉体労働は体を使って仕事をしてお金を得る。頭脳労働は頭を使って生み出したアイデアなどを賃金に変える。感情労働は自分の感情を抑制することでお金を得る。「心を売る」なんて言葉があるけど、まさにそれだ。

A・R・ホックシールドの『管理される心——感情が商品になるとき』という本の中では代表的な感情労働として、航空機の客室乗務員と集金人を挙げている。

感情労働をする人々は、たとえお客さまに一方的に罵詈雑言を浴びせかけられたとしても、反論せず黙ってそれに耐え、相手のプライドを満たし満足させることを求められる。

感情労働は心の疲労の問題が深刻なのだそうだ。肉体労働や頭脳労働の疲れは休息を取り、体や頭を休めることによって解消されるけれど、感情労働による心の疲労は、一日寝たからといって解消される保証はない。こうして心に疲労を蓄積させた結果、感情労働をする人が心を病む確率は他の労働よりも高い。

それにコールセンターが心を病ませる仕組みになっている点については、いくら挙げてもきりがない。

勤務時間が不規則だし、24時間稼働しているコールセンターだと夜勤も頻繁にある。コールセンターの勤務体系はシフト制で組まれていて、朝から出社する日もあれば、昼や夜から会社に行く日もある。だから生活リズムなんてバラバラになってしまう。

こんなふうに心や体を病む要素がいっぱいのコールセンターでは、働いているだけでサバイバルだ。自分で自分を守るしかない。

そこで私が考え出したのが、「私は謝罪するプロだ」作戦だった。

例えば50万円のお金を借りているお客さまに怒鳴られて、謝らなければいけない時は、この一謝りが50万！　と金額に換算する。

道端で見知らぬ人にいきなり「50万あげますから私に謝ってください」って言われたら、たくさんの人が謝っちゃうんじゃないだろうか？

「ごめんなさい」と謝ることをお金に換算するのは、まさに心を売る感情労働。でもただ理由もなく謝罪を強要されるよりは納得できる。

プロのスポーツ選手が、アマチュアの選手と違ってものすごくストイックな食事制限やトレーニングに耐えるのは、もちろん結果を出すためでもあるけど、自分が「プロ」だと思っているからじゃないだろうか。「プロ」とは、それでお金をもらう。たとえお客さまに理不尽な言葉で罵《のの》られたって、「私は督促のプロだ、これで食べてるんだ！」と思えば仕事のうちだと割り切れる。

プロ意識を持つこと。これは他人のためではなく自分の心を守るためにも役立つ一つの手段なのだ。

エース・イケメンM井さんのメントレ

「え？　お客さまのクレームですか？　ボクは全然、ストレスなんて感じたことないですね」

「マジですか⁉」

中途入社でコールセンターに入ってきたM井さんは、三浦春馬似のイケメン。まだ20代の若手だけど、コールセンターの中にある「クレーム対応専門チーム」に所属して日々クレーム対応に従事している。今ではセンターで一番の処理数を誇るエース的存在だ。

お客さまの電話を最初に受けるのは、主に電話オペレーターだけれど、お客さまのクレームがオペレーターに耐えられないほどキツイ場合や、交渉がこじれてしまった場合には私と同じ立場の「サポート」をする社員が対応する。でもそれでも対応できなかったり、さらに難しい要求をしてきたりするお客さまはM井さんたち「クレーム対応専門チーム」の社員が電話を代わって交渉することになっている。

彼らは常に十数件のクレームを抱えていて、お客さまからの罵声を浴びない日はない。時には1本の電話で2〜3時間ひたすら怒鳴り続けられることもある。

しかも謝るだけで終わらないのが、この督促というお仕事の難しいところ。怒鳴られながらも、最終的にはお客さまを説き伏せて入金をしていただかなければならないのだ。

お客さまの中には「馬鹿野郎！」「ふざけるなテメェ！」とか「ブス！　不細工！」（電話じゃ顔も見えないのに……）といった罵詈雑言を口癖なのか、と思うほどいちいち会話に挟みこんでくる人もいる。

理不尽なことを言われて、きっと大変だろうな。そう思っていたのに、突然M井さんから「ストレスを感じない」と聞かされて私はビックリした。

悪口辞典

「実はボク、お客さまに言われた悪口をコレクションしてるんです。いつか自分だけの『悪口辞典』が作れるといいな〜と思って」

M井さんはにっこりと笑うと、ピンク色のB5サイズのノートを出してきた。その中には、日付と、お客さまに言われた悪口や罵詈雑言がぎっしりと記録されていた。
○月×日：「大丈夫じゃねぇよ馬鹿！　お前のとこがチョンボってんだろ!?　ふ

ざけんじゃねぇ!!」と言われる。

△月□日:「お前、何様やと思ってんねんクソが。はよせー弁護士に持って行くぞ、こらーアホ。あんたアホやから理解できないんやろ」と言われる。

（ひ、ひーー）

「ノートをつけ始めてから1年半位なんですけど、まだこれしか集まってないんですよね。最近じゃお客さまにひどいこと言われると、『やった！　これでまたノートに書ける！』って嬉しくなっちゃうんですよ」

思わず「エグイ……」と唸ってしまうような、人格を否定する言葉。それがギッシリ書き込まれたノートはすでに半分以上が埋まっている。でも、ノートの内容に反してM井さんはニコニコと満面の笑みでそのノートを見つめている。

「もしこのノートが悪口で1冊埋まったら、それはそれはすごい贅沢をしようって計画してます。だからもう悪口は、ボクにとってご褒美なんですぅ！」

「す、すごいですねぇ……」

私は、彼とノートを交互に見やった。たしかに、悪口を悪口として認識しなければ、心にダメージを負うことはないのかも。これはビックリ、なんという斬新な「ストレスマネジメント」なんだ……!

怒鳴られることが待ち遠しい!

そこで私も、さっそく自分だけの「悪口コレクション」を作ってみることにした。

お客さまに1回怒鳴られると1ポイントとしてカウントし、10ポイント溜まるとお菓子を買ったりジュースを買ったり、小さなご褒美を自分に与える。

M井さんは悪口をノートに記録していたが、私はPCのエクセルを使って集計してみることにした。

そして怒鳴られたり悪口を言われたりするごとに、棒グラフが伸びていく仕様にしてみた。ポイントを入力するたびに棒グラフがどんどん伸びていく様子を見るのは、なんだか楽しい。不思議な達成感がある。

（こ、これはちょっと、M井さんの気持ちがわかっちゃうかも……）

私も次第に電話で怒鳴られることが待ち遠しくなってきた。そしてとうとう、「あ〜あ、あと1回で10ポイント達成なのに、昨日も今日も全然怒鳴られなかったなあ……」

なんて、お客さまに怒られなかったことをガッカリする始末。悪口コレクションの効果はすごいかも。ふと、横を見るとM井さんが今日も本当に嬉しそうにクレームの電話を受けていた。M井さんのノートが完成する日もそう遠くないかもしれない。

話し方に自信をつける方法

『パイナップルARMY』（作・工藤かずや、画・浦沢直樹／小学館文庫）という私の大好きなマンガの中にはこんなセリフが出てくる。

「いいか、相手を倒すには自分に自信を持つことだ!!」

「たとえマル腰で敵の前に立ったとしても、なんでも武器になることをおぼえておけ！」

「マッチを敵の前でフラッシュさせろ!!　ボールペンで敵の目をつけ!!」

「死にものぐるいで戦えば、君のような女の子でも敵を倒すことができる。」

このセリフは元傭兵で今は戦闘インストラクターをしている主人公が少女相手に護身術を教える際に、アドバイスとして伝えるセリフ。このマンガを読んだ時、これはまさにそのまま、私のしている督促の交渉にも当てはめることができるなぁと印象的だった。

「自信」――これを持つか持たないかで、交渉というのは出来不出来が全く違ってきてしまう。例えば私が督促で、

「あのぅ……、お客さま、ご入金をお願いしたいのですが……」

とおどおどと自信なさげに電話をかけたらどうだろう？　なんか払わなくても良さそうな気がしてしまう。交渉は自信を持たなきゃ勝てないのだ。

でも自信なんか一朝一夕でつくわけがなく、私はしかたなく毎度のようにK藤先

輩に泣きつきに行く。すると先輩はこんなアドバイスをくれた。

「とにかく、ゆっくりしゃべって。そうしたら自信がありそうに聞こえるから」

そ、それだけ⁉

だいたいいきなり電話をかけて督促しているわけなので、電話の向こうのお客さまは急いでいる場合が多い。そんな時にイキナリゆっくりしゃべって電話をしたら、「早くしろ！　急いでるんだよ！」と怒られてしまうんじゃないの？

でも、ドSのK藤先輩にすっかり調教されている私は、言われたままに先輩たちの電話の録音を聞いてみることにした。ところが、音源を聞いてびっくり。コールセンターで回収率のいい先輩方は、みんな交渉をする時、ゆっくりと話していた。

「ご入金が遅れているようなのですが～、何かご事情があるのですか～？」

「あ～すみません、今月ちょっと出費が多くて～……」

督促をする私たちがゆっくりしゃべると、お客さまも釣られてゆっくりとしゃべってくれる。人間、怒ってる時は自然と早口になってしまうが逆にゆっくりした口調で怒ることはむずかしい。だからゆっくりしゃべると、穏やかな雰囲気で交渉をすることができる。

こうして先輩方はついつい険悪になりがちな督促の電話でも印象良く会話することに成功していたのだ。

この「ゆっくり＝自信」という法則は、電話だけじゃなくて行動にも当てはまる。せかせかと早口でしゃべる人、きょろきょろと挙動不審にあたりを見回す人、こういった人々はあまり自信があるようには見えない。逆に落ち着いた声でゆっくりとしゃべる人や慌てず余裕のある動作で動いている人はとっても優雅で自信がありそうに見える。

なるほど、自信って「ゆっくり」した動作の中から生まれてくるんだなぁと、督促のテクニックからまた一つ発見をした出来事だった。

頼みづらいことを頼む、
断りにくいことを断る!
督促OLの
コミュ・テク!

その5
クレームには付箋モードで反撃

「電話を取っていきなり怒鳴られたら」第2弾。

繰り返しになるが、かかってきた電話を取ったらいきなりクレームで、間髪いれずお客さまから怒鳴られることがコールセンターでは度々ある。

オペレーターは怒鳴られたショックですっかり固まってしまうが、そこで立ち直ってなんとか相手の名前や電話番号を聞き出さなければならない。が、怒鳴られたショックで、相手を特定するためにいつも聞いている質問の言葉が出てこないことがある。すると、お客さまの怒りはさらにヒートアップして、またしても怒鳴られる、という悪循環に陥る。

このように、お客さまからクレームを受けて、とっさに言うべき言葉が出てこない時のためには、あらかじめ言うべき言葉を決めておくことが有効だ。


ある時私がオペレーターブースを見回っていると、一人のオペレーターさんがパソコン周りにべたべたと付箋を貼りつけていた。

そこに貼ってあったのは「お電話ありがとうございます」、「わたくし○○と申しますが、××さまのお宅でいらっしゃいますか？」といったコールセンターでよく使われているフレーズだった。


「U野さん、これなんですか？」

私は気になってオペレーターさんに声をかけた。すると付箋を貼っていたオペレーターさんが少し恥ずかしそうに教えてくれた。

「私、クレームとかでお客さまに怒鳴られると、とっさに言葉が出てこなくて、何も言えなくなっちゃうんです。だから、そういう時はこの付箋を読むことに集中するようにしているんです」

なるほど、怒鳴られた時に真っ白になってしまうのは私もすごくよくわかる。

そこでオペレーターさんは工夫して、怒鳴られてショックを受けてしまった時は付箋に集中してそこに書いてある言葉を読み、パニックになっていることをお客さまに気取られずに、冷静を装って対応することができるようにしていた。

実はこの付箋、コールセンターには使っている人が結構多い。クレーム対応チームに所属しているベテランのE田さんも、パソコン周りに沢山付箋を貼っている一人だった。

でもE田さんはベテランだし、見た目で判断するわけじゃないけれどコワモテでいかつい男性なので決してお客さまに怒鳴られて何も言えなくなってしまうようなタイプには見えない。

気になってまたまた尋ねてみると、E田さんが付箋を貼っている理由はオペレーターのU野さんとはまた少し違っていた。

「俺は気が短くて、お客さんに悪口を言われるとついカッとなってケンカ腰になってしまうんだ。だから冷静になるために頭に血が上った時に付箋を読むようにしている」

な、なるほど……、びびって何も言えなくなる私とは真逆だけれど、こういった使い方もあるんだなぁ。

付箋に書かれている言葉は、いわば「呪文《じゅもん》」だ。頭が真っ白になった時に唱えることで自分をショックから回復させてくれる、あるいは冷静にさせてくれる呪文。

まず、お客さまに「こう言われたらこう返す」と想定していくつかセリフを用意しておく。それを付箋やカードに書いて、自分が電話をするオペレーターブースに座ったら目に見えるところに用意して置いておく。

そしてお客さまにいきなり怒鳴られたら、すぐにこの付箋の呪文を読む。付箋に書かれている言葉を読むことだけに集中すれば、呪文を唱えている間はクレームでお客さまから浴びせられる罵詈雑言を一時的にシャットアウトすることができる。その隙に態勢を立て直してクレームの対処方法を練ることができるのだ。

08

濃すぎる人間修行

K藤先輩は美人で
仕事ができる女です。
ちなみに
シングルマザーです。
K藤さんはパートの
オペレーターから
契約社員になり
正社員になった
叩き上げ
ちなみに性格は…
N本さん
このお客さまに
電話してみて
えっ、
これって…
すっごい怒鳴るし
手ごわいけど
頑張ってね！
わく
わく
超ドSです。

ある日のこと。

「うわっ！　なんだこの顔!?」

一日の仕事を終えた後、鏡に映った自分を見て、私は本気でびびった。督促OL生活も2年目になると、新入社員のころほど死にかけることは減っていたのに、その日は、なぜか、目の下に縁取られた濃いクマ、不健康にこけてきた頰、肌荒れでボロボロの見るに堪えない肌……と、どっからどう見ても、私の顔には「死相」が表れていた。

（ああ、なんでこんなことに……。もしかしてこれって、あのお客さまの……）

私は鏡の中の自分をまじまじと見つめた。

当時、私が担当していたお客さまが購入していた商品はひたすら異彩を放っていた。

その商品とは100万円以上もする、「水晶玉」。

お客さまは年金暮らしのお爺さん。水晶玉を購入されたのはもう何年も前で、長い間コツコツ入金してもらっていて全額払い終わるのももうすぐだった。

ただ、年金暮らしになってから収入が減ってしまったのか、最近どうも入金が遅れがちになっていた。ここのところは毎回入金が遅れている。入金を促すために、私も毎月のように督促の電話をかけなければならなかった。

「恐れ入ります〜。N本と申しますが、Aさまはご在宅でしょうか?」

「Aは留守です」

私が延滞をお知らせする督促の電話をかけると、電話口に出られたのは契約者さまの奥様と見られる高齢の女性だった。

「アンタ、カード会社でしょ。用件はわかってる、しつこいわねぇ。もう電話しないでよ」

(う……、これは完全に嫌われている……困ったな)

呪いの水晶玉

ここのところ毎月支払いの遅れが出ていたので、奥様は毎度、毎度電話をかけてくる私のことを覚えてしまったようだ。確かに度々電話がかかってくるのは迷惑だと思うのだけれど、電話をするなと言われて「はいそうですか」とそこで電話を止めてしまっては、代金の回収ができない。

「ええと、Aさまに直接お伝えしたいことがありましたので、お留守でしたらまた改めさせていただきますね」

私はお客さまの要求をやんわりと流して電話を切ろうとした。その瞬間、受話器から突然、低くて暗い、不気味な声が響いた。

「お前を呪ってやる……」

「へっ!?」

電話越しに聞こえてくるのは、なんともおどろおどろしい声だった。

「私は霊能力者なんだ。私の言うことをきかないのなら、お前の会社を潰してやる!」

「えぇ!!」

（そうか、水晶玉ってこういうことだったんですね！）

と、思わず妙なところで納得している場合ではない。いきなり呪われてもどう反応すればいいのかさっぱりわからないが、とりあえず私は「また改めます」という言葉を絞り出し、なんとかその電話を切った。

督促をしていると、襲撃予告や罵声を浴びせられるのは珍しくないけれど、「呪い」をかけられたのはこれが初めての体験だった。

まぁ直接何かをされるというわけではないのだけれど、呪われるのは気持ちいいもんじゃない。電話の後はなんだかグッタリとした気分になる。うーん、まさか、これが呪いの効果なのか……いやいや、そんなことはない、と自分に必死で言い聞かす。

でもその後も、私はお客さまに電話をかける度に呪いをかけられることになった。

「あのう、N本です。ご契約者さまをお願いしたいのですが……」

「なんだ、また電話してきたのか。先日××という会社が潰れただろう。あれは私が潰したんだ」

「さようでございますか……」

「今、お前も呪っている」

「さっ、さようでございますかー！」

風邪をひいてもベッドの角に小指を打ちつけても、白いシャツに醬油をはねさせても、ひょっとしてこれって「呪い」効果!? と、お客さまのあのおどろおどろしい声を思い出してしまう。

結局このお客さまは、その後何回か電話をしているうちに、霊能力者の奥様が不在の隙にやっと契約者さまご本人と電話が繫がって無事入金していただくことができた。

ちなみに契約者さま、つまり呪いをかけてくる霊能力者の奥様の旦那さまは、電話越しでは本当に普通の方だった。

入金していただいた後は、なんだかいつも以上に疲れてしまった。やっぱりこの「呪い」は本物だったのかなぁ……。

カネと泪と男と女

金の切れ目が縁の切れ目という言葉があるけれど、お金を払ってまでつなぎ止めておかなければならない縁なんて、本当に必要なのかな？　督促をしていると、そんなふうに考えさせられることがある。

「あ、私N本と申しますが、〇〇さまでいらっしゃいますか？」
「はい、そうですけど……」

ある日、電話をかけた20代前半の女性のお客さまは、そこそこ大きな会社で働いているＯＬさんだった。「お支払いの件で……」と私が言うとすかさず「いくらですか？」と強張った声で返事が返ってきた。

「えーと、今回のご請求金額は14万円ほどになっていますが……」

ちょっと金額が大きいなぁ、と思いつつ、私が金額を伝えると電話の向こうで大きなため息がこぼれる。

「一括でそんなに払えないんで、リボ払いにしてもらえますか？」
「あ、ハイ。かしこまりました～」

カード会社によって異なるけれど、私の会社では一括払いで買った商品を後からリボルビング払いという分割払いに変更できるようになっている。

私は支払方法を変更するために、お客さまの購入した商品をチェックし始めた。

（あれ……？）

私はお客さまのカードの利用明細を調べるうちに、なんだか違和感を覚えた。

そのカードの利用明細には、名前からしてキャバクラと思われる飲食店だったり、同じ日に高級焼肉店で2万円以上も食事をしていたり、およそ20歳そこそこの女性には不似合いな買い物の履歴が記録されている。嫌な予感がした。

「えーっと、お客さま。失礼ですが、今クレジットカードはお手元にございますか？」

恐る恐る尋ねると、電話の向こうでしばしの沈黙があった。

「実は、今カードは、彼氏が持ってるんですよね」

詰めていた息を吐き出すように、彼女はゆっくりした口調でそう言った。

ああやっぱり……。私は暗い気持ちになる。他人にカードを譲渡することや、他人にカードを使わせることは契約時に禁止されているし、たとえカードを使っているのが他人でも、支払いの義務は当然ながらカードを契約している本人に発生する。

カードはリボルビング払いで限度額いっぱいまで使われていた。この金額はこれからこの女性が支払っていくことになるのだけれど、このうちのどれくらいが彼氏が使ってしまった分なのだろう……。


このように、契約者さまが誰かにカードを渡している場合、

「その金は俺が使ってんじゃない！　××って奴にカードを貸してるんだ！　そっちに連絡してくれよ！」


と言って支払いを拒まれることも多い。

だからといって支払いの義務はカードの契約者にあるので、いくら支払いを拒否されても私たちは請求するしかないのだが、こういった方から回収をするのは本当

に難しい。

でも、支払いを拒めば契約者本人の信用情報が悪化する。言うなれば他人の作った借金のせいで、契約者本人が不利益を被る。なんともいたたまれない事態になる。

彼氏に湧き上がる怒り

「カードを他の人に渡されるのは契約違反になりますので、この場でお客さまのカードは止めさせていただきます。よろしいですか?」

私はちょっと身構えながらお客さまにそう伝えた。彼氏や旦那さまにカードを貸している女性はこういった時、カードが使えなくなったせいで相手に怒られるのを恐れて「それだけはやめて!」と頑なに拒否することが多い。

しかし彼女は一瞬、電話の奥で押し黙った後、

「わかりました、止めてください」

と、割とすんなりと了承してくれた。

(でも、こんなに若い女の子が、彼氏の作った借金を背負わなきゃいけないなんてヒドイよ……)

複雑な気持ちになりながら、私はカードの処理を行った。

彼女がすぐに決断してくれたのは、もうカードが限度額いっぱいまで使われてしまったからなのか。それとも他にもカードを渡してあるからなのかもしれない。でも彼女はこれから彼氏の作った借金を払っていく。

(あなたの彼氏、あなたのカードでキャバクラに行ってるかもしれないんですよ?しかもキャバクラらしきお店に行った日と高級焼肉に行ってる日が同じって、これどう見ても同伴出勤ですよ!?)

同じ女として、ふつふつと、見ず知らずの彼氏への怒りが湧いてくる。

そういえば、お客さまの中には若い女性と逃げてしまった旦那が残した借金を、任意で何年もかけて返済している女性がいた。「ご本人さま以外にはお支払いの義務はないんですよ?」と何度も言っても「私の責任ですから、必ずお支払いします」

と毎月少しずつ返済をして、とうとう完済してしまった。

また、息子さんが作ってしまった借金を肩代わりするお母さんも多い。女性と借金というのはどうしてこうもやりきれないのだろう。

「今カードをお止めしました。来月のお支払い金額は全てリボルビング払いに変更させていただきました」

「ありがとうございます」

カードが止まることで「こんな関係はやめよう」、そう決断してくれていたら嬉しいんだけどなぁ。私は電話越しにそんなことを祈ってしまった。まったく人のオトコの心配している暇はないのだけど……。

悪いオンナにだまされて

そうかと思えば、こんなこともあった。

「彼女が始めたお店で、よくわからない健康食品を買っちゃって……」

督促の電話に出たお客さまの口から発せられた言葉を聞いて、私は思わず言葉に詰まった。

受話器の向こうから聞こえてくるのは、男性にしては高くてか細い声。まるで息も絶え絶え、といった様子で話すので、思わず「ど、どこか具合でも悪いんですか？」と聞いてしまいそうだったけど、どうやらそれがこのお客さまの地声らしい。

お客さまが買っていた健康食品はなにかのサプリメントらしいが「何これ!? 高っ!!」と、ちょっと目を疑ってしまうような値段だった。

念のため、「押し売りされたとか、無理やり買わされたわけではないんですね？」と確認してみたけれど、「あぁ、それはないですぅ〜」と、電話の向こうからは消え入りそうな声で返事が返ってくる。

「ご納得の上で買われたんですよね？」

「……買いました」

なぜこんなにしつこく聞くかと言うと、悪徳商法の可能性がある場合は報告する義務があるからだ。でも健康食品の値段はピンキリで、高価だからと言って即悪徳商法とは限らない。世の中にはなんだかよくわからない名前のついた10万も20万もする健康食品がある。それが巷にあふれているということは、督促の仕事をして知ったことの一つだった。

「すみません……ちょっと今お金なくて、次のボーナスまで支払いを待ってほしいんですけど」

「わかりました、そのくらいであればお待ちできます」

期日を確認すると、なんとか私が待てる範囲内だった。私はお客さまの申し出を承諾して、交渉の記録をパソコンに打ち込んだ。

このお客さまの今までの入金の記録を見ると、たまに支払いが滞《とどこお》ることはあっても、ほぼ毎月きちんとお支払いを続けている。当然カードは使える状態なので、限度額いっぱいに健康食品を買おうが、私が口を出せることではない。

私たちは立て替え払いをしているだけ。詐欺や法律に触れる方法で売られた商品なら別だけれど、売買に関するトラブルの処理は、基本的にお客さまとお店の間で行うことになっている。双方が合意して買った商品なら、なおさら口をはさむ権利なんてないのだ。

(でも、こんなに高額の健康食品を買わせるなんて、どんな彼女なの⁉)

心根の優しい人たち

督促の仕事をしていると、時おり、こんな心根の優しそうなお客さまと巡り合う。こちらのお願いにも本当に素直に答えてくださり、決して言葉を荒げたりしない。私たちは、ほとんどのお客さまには邪険《じゃけん》に扱われるので、こういったお客さまはある意味、心の癒し的存在だった。

ただお客さまがその優しさに付け込まれる形で買い物をして、カードの支払いができなくなってしまった時に、督促をしなければいけないのは、いつも以上に心が痛む。

ところがある日、お客さまの心境に変化が訪れた。

「もう、この健康食品やめようかなって思うんですよね」

「そうですか！」

心の中でお客さまの決心に拍手。まぁ手数料収入で利益を得ている身としてはマイナスなのだけれど、そこは人として目をつぶる。

（あれ？）ところが次の月も、その次の月も健康食品代はカードの利用履歴に上がってくる。またもや嫌な予感しかしない。

「あの〜お客さま、前話した時に健康食品やめるって言ってませんでしたっけ？」

その月たまたま延滞が出て督促の電話をかけたので、私はお客さまに突っ込んでみた。

「あーなんか、年契約？　みたいで、しばらくやめられないって言われちゃいまして」

（お客さまぁぁぁぁ!!）

それ、騙されてるって！　もうひと押しして！　もうひと押しすればやめられるから！　いい人すぎるお客さまにどうか幸ありますように……。

家出の責任を取らされる⁉

私たち督促ＯＬは、契約者さまの濃厚すぎる人間関係をかいま見るだけでなく、巻き込まれることもままある。

「なんとかして彼女を取り戻してください‼」

ある日、督促をしていた40代の男性から切羽詰まった声で電話がかかってきた。

「どうしてくれるんですか……、あなたたち、どう責任を取ってくれるんですか⁉」

お客さまはなんだか今にも泣きだしそうな様子だった。

「ええと、……私どもが何かしました……か？」

突然の電話に、とりあえず慎重に聞き返す私。

「なんで女の人が電話したんだよぉ！　アンタらのせいで、か、彼女が……出ていっちゃったじゃないかー!!　責任を取れー!!」

(ひー！　なんか大変そうだよぉ!?)

これまでも書いてきたように、私たちはお客さまに督促の電話をする際、いきなり会社の名前を名乗ることはほとんどない。

それは、お客さまの多くが契約時に「配偶者などの家族に利用を知らせないでほしい」という希望を出すからだ。ただし、ショッピングでの利用の場合には、電話口に出たのがお客さまの「家族」であることが確認できた場合にのみ、会社名を伝え、折り返しのお電話をお願いすることができる場合もある。ただそれはあくまで家族と話ができた場合だ。

私が慌てていると、そのお客さま——Bさまは電話口でとつとつと語り始めた。

ショッピングでカードを利用した口座にたまたま残高がなく、私たちの会社から督促が来た。オペレーターはBさまの携帯電話に電話をかけたが連絡が取れず、入金がないまま数日が経過したため、今度は登録してあるBさまのご自宅に電話をかけることにした。すると電話口に出たのは、女性だった。相手が家族かどうかの確認がとれないので、まだ会社名は名乗れない。

「××（オペレーターの個人名）と申しますが、Bさまはいらっしゃいますか？」
「いえ、今いませんけど……」
「そうですか。それではまた改めて電話させていただきます」

最初の電話は、こんなやり取りで終わった。けれどなかなかお客さまに入金していただけず、何度か督促の電話が続いた。すると不審に思ったのか、相手の女性は突っ込んだ質問をしてきた。

「あの、Bはいませんけど……どちらの××さんなんですか？」

オペレーターはマニュアル通りに家族かどうかを確認する。

「失礼ですが、Bさまのご家族の方でしょうか」

けれど、そこで女性からは「いいえ、違いますけど」という答えが返ってきたため、オペレーターは社名を名乗ることができなくなってしまった。

「あの、Bとはどういう関係なんですか？」

「え？　××と言ってくだされればわかりますから……」

答えに詰まったオペレーターが苦し紛れに発した言葉が、泥沼の発端になった。この女性はBさまの同棲相手だったのだ。でも身元を明かさないオンナから何度も電話がかかってきたことでケンカとなり、ついに家を出てしまったのだそうだ。確かに厳密には「ご家族」ではないのだけれど、このケースは、不運に不運が重なったというか……。

「彼女にはもうすぐプロポーズしようと思っていたのに、ど、どうしてくれるんですか……！」

電話越しで聞こえる男性の声は怒りなのか、悲しみなのか震えていた。

「ほ、本当に申し訳ございません……！」

「責任を取ってくださいよ！　なんとかして彼女を取り戻してください!!」

私は電話でお客さまに謝罪し、上司と相談して経緯を説明した手紙を出した。なんとかこれを読んで、彼女が怒りを鎮めてBさまの元に戻ってくれることを、心の底から祈りながら……。

回収率100％の奇跡の債権？

「ねぇ、N本さん。回収率100％の債権、回収させてあげようか？」

口元に不敵な笑みを浮かべつつ近寄ってきたのは、私の教育係でコールセンターの青いあくまことK藤先輩だ。手には、なぜか禍々《まがまが》しいオーラを放つ分厚いファイルが握られている。

「えっ……なんですかそれ？」

今度はどんな無茶ぶりがくるんだ、と身構えつつ私は答えた。いつもあんまり表情を動かさないK藤さんにしては珍しく、今日はニヤニヤとしている。

「フフ……すごいのよ。こんなに回収率が高い商品は二つとないわ。しかもお客さまは絶対に怒鳴らない、まさに『奇跡の債権』なんだから」

怪しい。

「で？　なんの督促なんですか？」

「うん、包茎手術」

「は……⁉」

「包・茎・手・術」

「に、２回も言わないでください！」

予想外の答えにあわてる私に、K藤先輩ははじめて見るようなこの上なくイイ笑顔で、債権リストが綴られたファイルを手渡してくる。ただその笑顔は無言で「いいから督促しろ」と語っている。もちろん断れるはずもなく私はその奇跡の債権の督促をすることになってしまった。

「あのう、○○カードのN本と申します。×月×日までにお支払いの商品のご入金の確認が取れていないのですが……」
「え、○○カードさん？」

電話口に出たのは20代の男性。今回のお支払いが1回目の請求だった。

「俺、○○カードさん使ってないですけど？」
「あ、カードのご利用ではなく、ショッピングクレジットというお買い物の分割払いでご利用いただいている分で……」

初めて支払いをされるお客さまは、自分がどこの会社でクレジットを組んだか忘れている方も意外と多い。まずはそこから説明しないと「さては振り込め詐欺!?」とトラブルになってしまうこともままある。このお客さまもいきなりかかってきた電話に対して、声に不信感がにじんでいる。

「何の費用ですか？」

「あー、……い、医療費です」

（我ながら怪しいだろ！）と突っ込まずにはいられないが、一応あった羞恥心がそのものダイレクトな手術名を告げることを阻《はば》んでしまった。

一瞬の沈黙の後に……

言い訳をしておくが、お客さまの利用明細にはちゃんと医療費と書いてあるのでウソは言ってない。実は女性の補正下着や男性のカツラといった他人に買っていることが知られると支障のある商品は、お店側の配慮で請求書にそのままの商品名ではなく、略称やイニシャル表記など、ややわかりにくい名前で書かれていることが多いのだ。

ただ、これが原因でお客さまから「こんな商品買ってない！」とクレームを受ける場合も多々あるので、悩ましいところでもあるけど……。

「えー、医療費？　俺使ったっけ、そんなの……」

うぅ、早く思い出してほしいのに。気まずく汗をかいている私をヨソに、お客さまはなかなか思い出してくださらない。（いや、わかりますよね！　大事なことですよ！　一大決心して、ひとつ上の男になろうと思ったのではないのですか!?）と祈り続ける。

「ちょっと、わかんないんですけど……」

……仕方ない、これも仕事だ。私は、すうっ、と息を吸い込んだ。

「×月×日、△△クリニックでご利用された、包茎手術の医療費ですっ!!」

一瞬の、沈黙。

「あ、あああ!!　はいはい、わかりましたっ、払います！　すぐに払いますぅ！」

そしてものすごい勢いで電話は切られた。それから1時間もしないうちに入金確認が取れ、その後も続けて督促の電話をかけた「奇跡の債権」は、ことごとく入金になっていった。

「これはすごい……」

私があまりの入金スピードに驚いていると、ニヤニヤと隣に座っているK藤先輩が耳打ちしてくる。

「美容整形とかもそうなんだけど、人に知られたくないものは回収率がいいのよね」

確かに他人に知られたくない商品が未入金のままだと、気がかりで落ち着かないのかもしれない……。

「ちなみに、この手術専門で立て替えと回収やってる会社もあるのよ。もしうちの仕事、嫌になって転職するんだったら、いつでも紹介してあげるからね」

「う!?　いやそれは。でも……ちょっとだけ、考えさせてください」

毎日コレの督促をするのは少し複雑だけど、この商品、かなりいいかも。すぐに入金してもらえるし、お客さまに怒鳴られないのは確かに素晴らしい。ああでも包茎……包茎手術かぁ……、私はかなり転職に傾いてしまっていた気持ちを、ちょっとだけ押し戻した。

頼みづらいことを頼む、
断りにくいことを断る!
督促OLの
コミュ・テク!

その6
「謝ればいいと思ってんだろ!」と言われない謝り方

それははじめ、そんなに大きなクレームではなかった。

「お前、いい加減にしろ! 謝ればいいと思ってんだろ!」

「へっ!?」

けれど、お客さまは電話の途中でいきなり大爆発してしまい、このクレームはその後何度もお詫びの電話をかけなければならない大クレームに発展してしまった。そして、その元となったのは私の「謝罪」の仕方だった。

実際にその時の電話の録音を聞いて驚いた。私は壊れたテープレコーダーのように一本調子でお詫びを繰り返していた。

（わ！　私、「申し訳ございません」しか言ってない！）

こんな電話では、残念ながら相手に対する誠実さなんて微塵も感じられない。「謝ればいいと思っている」とお客さまが怒鳴るのももっともだ。でも、この〝ひたすらお詫びの言葉をリフレインする〟モードは、まだ督促に慣れないオペレーターがたびたびハマってしまうクレーム対応の罠なのだ。

お客さまからクレームの電話が入ってくると、苦情に不慣れなオペレーターの頭の中は、「ク、クレームだ！」と真っ白になってしまう。

そして緊張してうまく受け答えができず、ついついお客さまの言葉の全てに「申し訳ございません」と答えてしまうのだ。結果、相手は謝ってばかりいるオペレーターの態度を不誠実だと感じ、さらに怒るという泥沼状態になる。

「N本さん、『申し訳ございません』はクレーム対応に必須の武器です。でも、もろ刃の剣なんですよ〜」

お詫びの言葉でお客さまを怒らせてばかりいる私を見かねて、同僚でクレーム対応専門チームに所属するM井さんがアドバイスをしにニコニコと近づいてきた。

「『申し訳ございません』を繰り返してる電話って、聞いていてくどいんです。謝る時のコツは、『具体的に』謝ることです」

ぐ、具体的!? ポカンとしている私に、M井さんはこんな説明をしてくれた。

「お客さまがこちらの態度に不満を持っていたらその気持ちに対して、商品の不具合を言ってきたらそのお手間に対して、お客さまが怒っている内容を具体的に前につけてから、『申し訳ございません』と言うんです」

つまり、M井さん式クレーム処理法は、このような感じになるそうなのだ。

「カードが店で使えなくて大変だったよ！」
「お店で恥ずかしい思いをさせてしまい、申し訳ございません！」
「さっきのオペレーターの態度が気に入らない！　クビにしろ！」
「先ほどの者がお客さまに不快な思いをさせてしまい、申し訳ございません！」

このように「具体的な言葉」＋「謝罪」を繰り返すことで、「相手の気持ちをわかっている」と示すことができるという。

「いいですかN本さん、クレームを言ってくださるお客さまは、謝ってほしいと思ってるだけじゃなくて、自分の気持ちをわかってほしいから電話をかけてくるんですよ」

なるほど、確かにひたすら「申し訳ございません」だけを繰り返してしまうと、早く電話を終わらせたいという態度が透けて見え、うわべだけで謝っているように聞こえる。相手の気持ちをわかっていると相手に示すためには、ただ謝るのではなく具体的に謝ることが有効なのだった。

09 センパイ武勇伝

昔お客さまの自宅に回収に行ったら閉じ込められたことがあってね
た、大変じゃないですか！
包丁持って立ったまま動かなくて…
ドアの前に立って出られないようにしている
ちょっ…どうやって解放されたんですか!?
…
じりっ
相手の目をじっと見て
私になにかしたら
絶対にあなたに同じことをしますよ
ケンカは目を逸らした方が負けだからね
べ、勉強になります…

「へぇ～、債権回収やってるんですか。じゃあ、アナタは僕の敵ですね」

ある日参加した異業種交流会の会場。最初、優しそうな笑顔で話しかけてくれたその男性は、交換した私の名刺を見るなり、突然そう言い放った。

背が高く、日焼けした彫りの深い顔。イケメンだし、渡された「映像制作会社の代表取締役」という名刺にちょっとドキドキしていた私は、いきなりの先制攻撃を受けてあいさつ用の笑顔のまま凍りつく。

「僕は昔、消費者金融に借金をして督促されたことがあるんですけどねぇ、あれには本当に腹が立ったよ！」

唐突にそのイケメン社長は、目の前で怒り始めてしまった。

（えっ？　えっ？　なんで私が怒られてるの⁉）

ボーゼンとしながらひたすら怒っているイケメン社長の文句を聞いていると、言い返さない私に満足したのか、彼は一通り私を罵倒してスタスタと去っていった。

取り残された私は名刺を握り締めたまま立ち尽くすしかなかった。それから数分遅れて、ふつふつとやり場のない怒りが湧き上がる。

（私が督促したわけでも、その会社で働いているわけでもないのに、なんで怒られなきゃいけないの？　あぁ……でもこの督促という仕事は、やっぱり人さまから恨みを買うお仕事なんだなぁ……）

私は世間から見た督促という仕事へのイメージと評価を目の当たりにしてしまったような気がした。交流会にはまだ来たばかりだったけれど、それ以上その場にいる気になれず私は下を向いてトボトボと会場を後にした。

世間で言われる督促のイメージは決して良いものじゃない。

先日テレビをつけると偶然やっていた子ども向けの特集でも、借金の取り立てというと絵にかいたような怖いお兄さんが出てきて、真夜中に「カネ返せ、ワレェ!!」と大声で怒鳴ったり、胸ぐらをつかんだりして借金を取り立てていた（テレビに出てくる取り立ての人ってなぜか関西弁だよね）。

（ちゃんとした会社は、こんなことしないよ！　法律に違反するし、もしもこんなことしたら一発で業務停止になっちゃうのに！）

そんな〝いかにも〟な借金の取り立てのお兄さんが映ると、思わずテレビ画面に向かって抗議したくなる。子どもの頃からこういった番組を見て育つのだから、借金の督促に良いイメージを持つわけがない。

督促の過去

もちろん、督促の仕事が嫌われているのには理由があって、消費者金融や信販会社の中には、数年前まで本当にひどい督促をしていたところもあった。

２００６年には行き過ぎた督促が原因で大手会社が業務停止になり、その後もいくつかの会社が処分をうけた。こうした流れを受けて、私の会社も含めて金融業界は全体的に督促の方法を改めることになった。昔はほとんど男性社員が行っていた督促も、今ではより圧迫感を与えにくいという理由で女性オペレーターが採用されている。

支払いを強要する言葉を禁止し、「必ず入金してください」「絶対支払いしてください」といった言葉も使ってはいけない。本当の支払い日から何日延滞していようと「ご入金をお願いします」とお願いをするスタンスを崩してはいけないことになっている。

私は今の督促業界しか知らないが、過去の生き馬の目を抜く督促業界を経験している人には、さすがに尋常じゃなくキャラ立ちしている人が多い。

私の教育係でコールセンターの青いあくまことK藤先輩もその一人だ。K藤先輩は転職して今私が働く会社に入ったが、最初に就職したのはそれはそれは取り立てが厳しいと恐れられていた某消費者金融だった。K藤先輩が入社した頃の督促は、コールセンターではなくて支店や社員数が10人にも満たないような小さな店舗で行われていた。

少し前まで駅前の「サラ金ビル」と呼ばれていたビルには、消費者金融の有人店舗が上から下までびっしりとテナントとして入っていた。その頃は督促も融資の申し込みや貸付審査といった業務の中の一つで、お客さまの途切れた暇な時間や閉店後の時間を使って行われていたそうだ。

新入社員として消費者金融に入社した若かりしK藤先輩。そんな先輩が、ある日いつものようにお客さまが途切れた時間帯に督促の電話をかけていると、督促表の束の中に、「電話禁止!」と書かれたファイルを見つける。

（なんだろうこれ……？）

中を開いてみると、「督促禁止」「交渉難債権！」という文字が書かれた督促表が綴じられていた。どうやら過去にクレームになってしまったお客さまの情報がまとめられているファイルらしい。

（ははぁ……督促が難しいお客さまなんだな）

K藤先輩は当時まだ入社して日が浅いにもかかわらず、すでに督促ではトップの成績を叩きだしていた。難債権を目の前にして、K藤先輩の中に流れるドSの血が騒ぐ。

もう延滞しているお客さまにはあらかた電話をしてしまっているし、回収数字を伸ばすにはここしかない。

過去にクレームになっていても、怒りが収まった後にちゃんと入金してくれるお客さまはたくさんいる。それに電話して、本当に危なそうなお客さまは避ければ大丈夫だろう。K藤先輩はとうとうその禁じられたファイルに手を伸ばしてしまった。

気の優しいおばあさんが……

「ふふ……たいしたことないじゃない」

電話をかけると怒鳴るお客さまはいたけれど、丁寧に説明するとちゃんと入金の承諾を得ることができた。中にはなんで督促が禁止されているのかわからないような、気の優しいおばあさんもいた。

「K藤と申します、ご入金のお願いでお電話をしました」

「ああ、入金ね。遅くなっちゃってごめんなさいね、もう一度会社の名前と、あなたのお名前を言っていただいてよろしいかしら？　あとお店の住所も教えてもらえる？」

（ん？　まぁ……確かに最近振り込め詐欺とかあって物騒だものね、しっかりとしたおばあさんじゃない）

そう思ったK藤先輩は、会社の名前とお店の場所、自分の名前を名乗って電話を終えた。

真っ黒な街宣車がやってきた

ところがその次の日のこと、いつものように店舗で仕事をしていると、何やら外が騒がしい。K藤先輩が当時3階にあった店舗から窓の外を見てみると、

「げっ⁉　何アレ？」

なんとビルの周りを取り囲むように、まっ黒な街宣車が横付けされている。街宣車はけたたましく音楽を流し続け、そのうちスピーカーからこんな声が響いてきた。

「K藤〇子を出せ〜〜！」

（って私⁉）先輩が身を乗り出して見ていると、続いてなぜか、

「○山×雄も出せ〜〜!!」

と、当時K藤先輩が勤めていた店舗の店長の名前も呼ばれる。すぐさま店長が真っ青な顔をして飛んできた。

「ちょっと、K藤くん！　何したの!?」

「ええ〜？　心当たりないんですけどぉ……」

首をかしげつつ、しきりにいぶかしがる先輩。

「なんで街宣車なんて……あっ!?　まさかっ!!」

店長は、はっとしてすぐ店舗のバックヤードに飛んでいくと、何かを探し出して戻ってきた。

「K藤くん！　まさかこのファイルのお客さまに電話した!?」

「え？」

店長の手に握られているのは、昨日先輩が電話をかけた「電話禁止！」と書かれているファイルだった。

「あ、電話しましたけど、なんかまずかったですか？」

「まずいよ!!　まずいに決まってるじゃない!!　あっ、やっぱり××さんに電話かかってるぅ！　この人はね、息子さんがいわゆるそっち系でねっ、前も督促をしたら街宣車が来ちゃったんだよ!!」

あ〜あの、おばあさんかぁ、とやっと心当たりにたどり着くK藤先輩。なんと昨日電話をかけた人のよさそうなおばあさんがこの事件の発端らしいのだ。

ちなみに店長の名前までバレているのは、店長は責任者としてお店の外に名前が掲示されているからだ。どうやらソレをわざわざ調べてきたらしい。

「ど、どうすんのコレ!?」

「えー、……どうしましょうねぇ……」

涙目で青ざめている店長をよそに、先輩が窓の外を見ると街宣車はぐるぐるとビルの周りをまわったり、止まってスピーカーから相変わらず大音量で音楽を流したり、名前を叫んだりしている。

「K藤○子を、出せ〜〜、○山×雄も出せ〜〜」

(なるほど、成果を急ぐとこういうことになるのねぇ……気をつけようっと)

先輩は反省しつつも堂々と正面から帰宅したらしい。「だって電話で話しただけだから、顔は割れてないし」と……。なるほど、こういう性格の人が督促で生き残るんだ。やっぱコールセンターの青いあくまは侮《あなど》れない。

督促今昔物語

そんなK藤先輩に連れられて、10年、20年前から督促をしている大ベテランたちの飲み会に行ったことがある。今日では古き悪しき時代と言われている、貸金業法改正以前の督促をバリバリ現役で行っていた人たちだ。当時はまだ、直接お客さまの元に回収に行く訪問回収も行われていた。

「今はホント、ぬるい時代になったよ」

そうビールをかたむけるのは、元街金で今は信販会社勤務のO野さん。年の割に渋いベージュのスーツを着ているが見た目は普通のサラリーマンである。

「昔は直接家に回収に行って、お客さんに家に閉じ込められるとかしょっちゅうだったよなぁ」

な、なんと……！　ちなみにこのO野さんはまだ30代なので、昔と言ってもそんなに昔のことじゃない。

「家に連れ込まれてどうしたんですか⁉」

「そりゃあ包丁突きつけられて脅されたりしてさぁ……」

身を乗り出して聞く私に、平然と恐ろしいことを答える。すると周りの先輩方も「うんうん」とうなずき合っているではないか。なんだこの会は、濃すぎる。

「わかる。私もお客さまの家に回収に行って、玄関開けたら裸で男が包丁持って立ってたことがあるわ。もちろん即逃げたけど」

と、またまた恐ろしいことをさらりと言いながら、焼酎をボトルキープしているのは私の先輩のK藤さん。

「O野さんもK藤先輩もご無事でなによりですが……、ちなみにそういう時はどうやって切り抜けるんですか？」

「そうだな、逆なでしないように気をつけることだな。そういうお客さまは天気にも影響されるくらいデリケートだから、まともな時とそうじゃない時があるんだけど、あ、まずいって時はすぐ逃げる」

O野さんがそう言うと、今度はK藤先輩がグラスをかたむけつつ答える。

「まずは落ち着くことね。好きなようにしてもかまわないけど、後で絶対おんなじことアナタにしますよ、って言って解放してもらったことがある。勝負はビビったらそこで負けなのよ」

た、頼むから警察呼んでくれよ！　と心の中で叫ぶ私。お酒も入り、先輩方もだいぶ舌が滑らかになってきた、ころあいを見計らって、私はずっと知りたかった皆さんの督促のテクニックについて聞いてみた。

「え、えーっと、ちなみに当時やってた早く回収するための工夫とかってあるんでしょうか？」

「俺はお客さまの毎月の支払い日を、給料日の前日に設定してたな。他の会社はたいてい給料日の少し後とか、当日に設定するから。給料日前にしておけば絶対に払えないからすぐに督促の電話ができる。他の会社の奴らより先にお客さん、つかまえられるからな」

テ、テクニックっていっても黒過ぎるわ!!　使えるかっ！

ちなみに支払い日というのはお客さまのお給料日の少し後に設定することが多い

……まともな会社は……だけど。

「私は後輩の女の子に督促させてたかなぁ〜。昔、回収は男性社員ばっかりやってたから。女の子に思いっきりかわいい声出させて督促させると意外とおじさんたちはコロっと払ったりするのよね」

そう答えるのは元消費者金融、現債権回収会社《サービサー》のR子さん。年齢は40歳近いらしいけど趣味は体を鍛えることというナイスバディの美魔女。

「今は女性の督促が主流になっちゃったから使えないけどねえ」

と愚痴りながら手酌で空になったビールグラスを満たしていくR子さん。そ、それはそれでどうなんでしょうか……。

飲み会も終盤、先輩方に聞かせていただいた濃ゆいお話は、度数の高いお酒以上に強烈で、私は若干くらくらしていた。でも皆さん本当に昔は大変だったようだ。なんだか今のコールセンターで働いてるのに仕事辛いとか感じてた自分が恥ずかしくなる。そんな私の耳に、先輩方のこんな呟きが飛び込んできた。

「昔は回収っていえば、もっぱら訪問回収がメインだったんだ。軽の社用車で山奥のお客さんの家に行って、1件回収すれば終わりみたいな日があったし、なによりお客さんの顔が見れた。俺は一日中電話をかけさせられる今の方がつらいよ」

信用のない人は救急車も助けてくれない

督促というお仕事は、今も昔も決してお客さまに好かれる仕事ではないし、お給料がいいわけでもない。私は先輩に、こんな質問をぶつけたことがあった。

「そんなに人から嫌われる仕事なのに、なんのために、誰のためにやるんですか」

と。

するとと先輩は、こんな話をしてくれた。

以前、まだカード会社の店舗が街中にあって、お店でお金の貸付や返済を受け付けていた時代の出来事。

お店に一人のお客さまがやってきた。まだ昼間なのにひどくお酒を飲んでいたそうだ。

お客さまは融資をしてほしいと希望したが、借りているお金の支払いを延滞していたので、新しくお金を貸すことができなかった。店舗の社員がそのことを告げると、お客さまはお店の中で暴れて散々怒鳴り散らして店舗から出ていった。

しばらくするとお店の外が騒がしくなった。店舗を出て階段を下ったところで、さっきのお客さまが意識を失って倒れているというのだ。

慌てて社員が出ていくとお客さまの傍らにカップ酒が転がっている。酔っ払って転んだのか、急性アルコール中毒かもしれない。とにかくすぐに救急車を呼ぶことにした。

ところが、救急車は来てくれなかった。

どういういきさつでその男性の素性がバレたのかわからないが、その男性は救急車で担ぎ込まれては病院代や医療費を踏み倒す常習犯だったらしい。今回救急車で運んでもまたその費用を踏み倒されるのは明白で、その時店舗があった市内の病院は、結局どこもその男性を受け入れてくれなかったらしい。

しかたなく先輩たちは男性をかついで少し歩き、その行政区の境目を超えたあたりで隣の市の病院の救急車を呼んで男性を搬送してもらった。

「信用を失うということは命を失うということに等しい。信用のない人は救急車だって助けてくれないんだ」

救急車で運ばれていくお客さまを見て、先輩はそう思ったそうだ。

このお客さまだって最初から信用がなかったわけじゃない。借りたお金を返さないことから始まって、善意で運んでくれた救急車や治療してくれた病院代を払わない、お酒を飲んで周りの人に迷惑をかける……色々な行動が積み重なってこんな状況に追い込まれてしまったのだ。

「私たちが相手に嫌われても、怒鳴られても、包丁を突きつけられても、督促しなければならないのは、お客さまの信用を守ることができるから。お客さまの信用を守るのはもしかしたら命を守ることにもなるかもしれないしね」

そう言って先輩は笑った。

変わりつつある督促業界、あいかわらずイメージも悪いまま、冬の時代を抜け出せずにいるが、これからどうなっていくのかはまだわからない。
私は先輩方から受け継いだタスキをどんな後輩たちに渡していくのだろうか。

頼みづらいことを頼む、
断りにくいことを断る！
督促OLの
コミュ・テク！

その7
「ごめんなさい」と「ありがとうございます」の黄金比

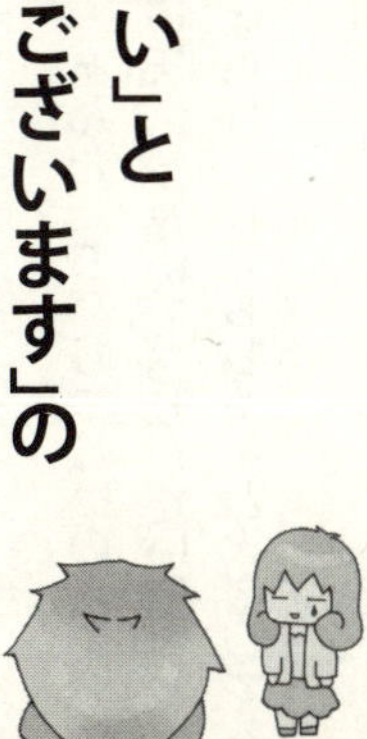

「『ありがとうございます』という言葉はクレーム対応では『申し訳ございません』と同じくらい大切な言葉で、同じくらい気を使わなければならない言葉ですよ」

「は、はい……」

いつになく真剣な、クレーム対応専門チームM井さんのレクチャーに、私は必死にメモ帳にペンを走らせた。

「前回、『具体的な言葉』＋『謝罪』で謝るということを教えましたが、謝罪ばっかりだとやっぱりクレーム対応が単調になりがちなんです。そこで、謝罪の間にもう一工夫加えます。『ありがとうございます』という言葉をはさむんです」

（ク、クレームにお礼を言う⁉）

またしても不可解なことを……とあわててメモする私。M井さんによれば、大抵のお客さまは私たちのカードに不満を持っていても、何も言わず解約してしまったりするから、クレームを言ってきてくれるお客さまは、ありがたいという。

謝礼とお礼を盛り込んだM井さん流のクレーム対応はこのようになるらしい。

「なんで何度も何度も電話かけてくるのよ！　あんたたち、しつこいのよ！」
「ご迷惑をおかけします、でもちゃんと電話に出ていただいてありがたいです！」
「何度も電話してこなくていいでしょ⁉　私は毎月遅れてもちゃんと入金してるんだから」
「いつもご入金いただいてありがとうございます。電話しつこくてすみません！」

「だいたいあんたたちの対応はなってないのよ！」

「貴重なご意見をくださりありがとうございます！」

「謝罪は何度も繰り返すと誠意が薄まるので、黄金比は、謝罪2に対しお礼1です。『申し訳ございません』が3回続くとくどいと考えてください。『申し訳ございません』を3回使っていいのは、クレーム対応を締めくくる時だけです」

なるほど〜、確かに「仏の顔も三度まで」「三度目の正直」という諺がある。何事も3回までが許される限度のようだ。ただしラストはくどいくらいの謝罪のほうが余韻が残るので、あえて3回連続の謝罪で締めくくるのである。

「ところでN本さん、『ありがとうございます』って言ってみてください」

「？『ありがとうございます』」

私が言われた通りお礼を言うと、M井さんは「うーん、あんまり気持ちの入ったお礼じゃないですね」と少し首をかしげた。

「『ありがとうございます』はありふれた言葉でお店でもどこでも言われます。聞かない日はありません。だから大げさなくらい気持ちを込めないと心を打たないんですよね。それには、イメトレが大事です」とM井さんは続けた。

「たとえば今目の前で一番大事な人が、瀕死の状態だと想像する。その人にはもう一生お礼が言えませんよ、最後だと思ってありがとうと言ってみてください」

（!!）「あ……ありがとう」

瀕死の母（！）を思い浮かべて言うと、自然と口から感情の籠った言葉が出てきた。

「いいですね！　それじゃあ次は自分が死ぬバージョンをイメトレしてみましょう。はい、次は数日間何も食べてないところに食べ物を恵んでもらったシチュエーションで、『ありがとう』！」

「あ、ありがとうございます～」

ちなみに私は今も、感情を込めてお客さまにお礼を言う時は、目の前に瀕死の母の顔を思い浮かべるという親不孝なことをしている。でも、お客さまに言う「ありがとう」も、最後に大切な人に伝える「ありがとう」も、言葉は同じなのだ。だったら響きも同じであってもいいのかもしれない。

10

合コンサバイバル

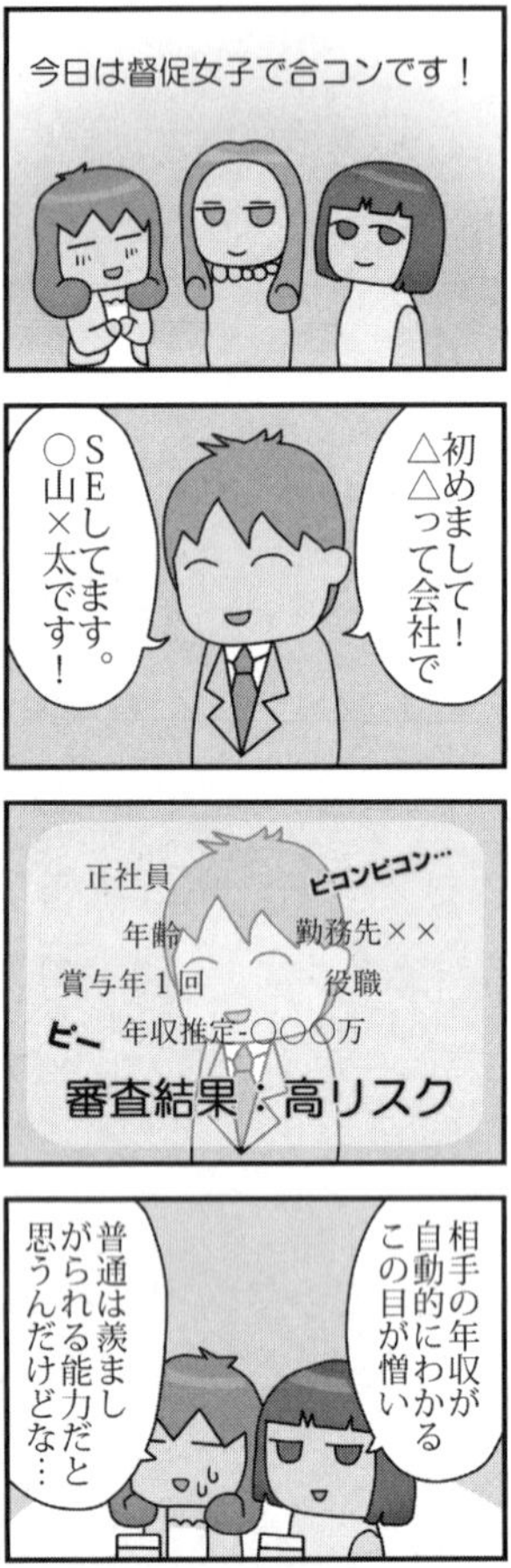
今日は督促女子で合コンです！
初めまして！△△って会社で
SEしてます。○山×太です！
正社員
ピコンピコン…
年齢
勤務先××
賞与年１回
役職
ピー
年収推定-○○○万
審査結果：高リスク
相手の年収が自動的にわかるこの目が憎い
普通は羨ましがられる能力だと思うんだけどな…

お支払いを延滞しているお客さまに督促の電話をかけるコールセンターで働いていると、１日何百人というお客さまの年収をパソコンの画面で見続けることになる。
電話をする時に確認するお客さまの情報には、延滞情報以外にもお客さまの勤務

先や収入などが細かく記録されているからだ。そして毎日これをやっていると、いつの間にか知らず知らずに悲しい「特殊なスキル」が身についてしまう。

それは、相手のプロフィール、勤め先を聞いただけで自動的に年収を算出してしまう能力――〝年収スカウター〟――である。

使いどころは、まあ、合コンである。

入社1年目の夏に学生時代の彼氏にふられてから仕事が恋人状態が続いている私もいい加減に婚活にいそしまなければいけない年齢なので、たまには合コンにも参加することがある。ホントに、たまにはだけど……。

ただ、合コンの自己紹介で会社名や年齢を聞いてしまうと、ピピピピ……っと瞬時にお相手のだいたいの年収が頭の中で算出されてしまう。

これは金融業界に勤めるＯＬにはほぼ備わってしまう能力らしく、恐ろしいことに私の周りの督促をやっている女子はほぼ１００％、この年収スカウターを搭載している。

相手の正確な年収を瞬時に算出するためには、長年の経験や実戦で培った勘が必要になるが、先日の貸金業飲み会で知り合った貸金業界勤続十数年のＲ子さんの持つ年収スカウターは恐るべき精度を誇る。だからなのか、彼女は合コンの席にはひっぱりだこらしい。


「はじめまして、R子です！　金融のお仕事してますぅ〜」

「あ、はじめまして山田（仮）です、SEしてます」

「あ、システムエンジニアさんなんですか、すごい〜！　どこで働いてるんですかぁ？」

「マイナーなんですけど……○×システムっていう……」

「そうなんですか〜（注：R子さんはもちろん住所まですでに把握済み）。大変そうなお仕事ですよね！　ところで山田さんはおいくつですかー？」

「僕ですか？　30歳です」


程良くお酒が入ったところに相手のステータスを聞きだす手法は見事だった。彼女の頭の中にある年収算出シートのマトリクスにはすごい勢いでデータが入力されている。

（○×システムのSEで30歳ならだいたい600万ちょいかしら、役職ついてたら

700万位かな。この会社は安定してるし、会社情報も良好ね～）

こうして審査が完了すると、R子さんは同席している後輩に向かって力強く頷く。

（優良債権！）

（ゆ、優良債権デスカー!!）

R子さんの査定が下ったぁー！　と俄然《がぜん》身を乗り出す後輩たち、女の戦いの始まりである。後は日ごろお客さまとの電話で培っている交渉能力で、オン（仕事中）はお客さまに入金の督促をし、オフ（仕事外）は彼氏にじわじわと入籍の督促をし、彼女たちは次々と結婚してコールセンターを去っていくのである。

でも督促をしていると、たとえ高収入の男性であっても奥さんに内緒でキャッシングをしていたりするのを目の当たりにしているだけに、だいたい最終的には飛びぬけて年収が高い男性よりは借金をしなさそうな堅実な男性を選んでいる気がする。

ちなみにR子さんくらいの境地になると、その人が借金をしているか否かが匂いでわかるようになってしまうらしい。

督促OLの都市伝説

ものすごく昔、まだコンプライアンスがゆるゆるだった時代、金融業界に勤めるOLたちはお客さまの借入の情報を自由に信用情報機関に照会することができた。その時代の金融業界に勤めるOLたちは、合コンでゲットした名刺を片っ端から照会して、

「やだ、この人、〇〇万円も借金ある〜」
「こっちの人はまだキレイね」

なんて査定を行っていたという都市伝説がある。
今の時代、とてもじゃないがこんなことはできないが、いつの時代も女性はたくましいのだ。

督促修行で〝だめんず〟好きに終止符

督促の仕事を通じて、濃い人間模様を見続け、自ら修羅場に巻き込まれるうちに、私もちょっとは大人になったと思う。なによりも土下座して感謝したいのが、だめんず（＝ダメな男の人）からの卒業だった。

全然自慢じゃないけど以前の私はキャッチセールスにもひっかかったけれど、だめんずにもよくひっかかっていた。

だめんずにひっかかってる時は、周りの友達がどんなに「あんな人やめなよ～」「あの人はだめんずじゃない？」と言っても本人はぜんぜん気がつかない。

ところが「督促道」を身につけるにつれ、不思議と長らく曇っていた目から靄《もや》が取れ、瞬時に「あ、この人はだめんずだ」とわかるようになった。まるで長らく債権回収をやっていると、人を見て「この人借金してる」とわかってしまうように（ある意味近いのかも）。

コールセンターで働く女子には、督促をしてからだめんずを克服したという子がけっこういる。まさに督促サマサマだ。

ちなみに私が大学時代から長らくひっかかっていたのは「悪口系だめんず」だった。

「お前はだからダメなんだよ」
「いいところなんてない」
「自分がかわいいとか思ってんの？」

だめんずの彼は会う度に私にこう言った。最初は嫌だなと感じたり、ちゃんと傷ついたりもするんだけど、そのうち麻痺して慣れてしまい、なんの疑いもなく「私ってダメなんだ」と思うようになる。完全に洗脳状態に陥る。
「悪口系だめんず」にひっかかると、女は間違いなく容貌にそれが表れる。うつむいて、おどおどしていつも自信なさそうな表情になってしまう。「かわいい、かわいい」と言われ続けると女の子は本当にかわいくなるけど、逆もまたしかり、なのである。

督促をするとお客さまに怒鳴られ、罵倒されることも多い。でも督促の仕事を続けているうちに、お客さまが私たちを怒鳴るのは根っこにやましい気持ちがあるからだとわかるようになった。

お金返さなかったらどうなるのかな、という不安。ホントはお金を返さなきゃいけないんだけど返してない、という罪悪感。それを守るために、お客さまは私たちを怒鳴る。

悪口系だめんずの彼も自分に自信がない人だったのだ。自分の自信のなさを補うために相手に悪口を言う。ああそうか、ダメなのは自分じゃないんだ、と気付いた時、パリン、と洗脳が解けた気がした。それがわかってから、私は数年ひっかかり続けたそのタイプにやっと別れを告げることができた。

肩書き系からも卒業

私以外にもだめんずから卒業できた後輩がいる。Dちゃんだ。

Dちゃんは都内の女子大出身で、女性ファッション誌から抜け出てきたモデルみたいなかわいい女の子だった。

でも、そんなDちゃんは大学時代から、国立大を出て大手マスコミに就職した「肩書き系だめんず」のY君に長らくひっかかり続けたらしい。

Y君はDちゃんを彼女にはしなかったけど、休みの日に電話1本で家に呼びつけていた。なのにしょっちゅう合コンに行ったり、Dちゃん以外にもそういう都合のいい関係の女の子が数人いると豪語していたらしい。

でもDちゃんはつい、「いつか彼女になれるかも……」「結婚できるかも……」と長らくY君の呼びだしを受け続けた。ところがコールセンターで働き始めて、すぐに目が覚めて決別することができたようだ。

「コールセンターで督促してると、どんなにいい会社に勤めてお金をいっぱい稼いでいる男の人でも、奥さんに内緒で借金をするし、お金が返せなくなったら逆切れして私たちを怒鳴るってコトがわかりました。Y君と同じ会社で働いている人にすっごく怒鳴られて、目が覚めました。私は彼の肩書きが好きだったんですねー」

督促のコールセンターで働いていると、お客さまの年収や借金の金額と毎日向き合うことになる。やっぱり年収が高い人はそれなりに高額の借金もするし、仕事柄派手な付き合いもしているのがわかってしまう。

Dちゃんは今、浮気と借金をしないまじめな男性と付き合っているらしい。

頼みづらいことを頼む、
断りにくいことを断る！
督促OLの
コミュ・テク！

その8
声だけ美人になる方法

コールセンターにはお客さまと話している交渉を録音して後で聞き返し、改善点を見つける「モニタリング」という業務がある。

「うるせえ！」「馬鹿野郎！」などと罵倒され、情けなく応対している自分の声を聞きながら、そのヘタレさに絶望しつつ今後のスキルアップに活かすのだ。

私たちコールセンターで働くオペレーターにとっては、「声」だけがお客さまとの接点になる。督促で結果を出している人やクレーム対応が巧みな人は、言葉遣いとともに、声の使い分けがとても上手なのだ。

度々登場する先輩のK藤さんは、遅れが発生してまだ日が浅い「初期延滞」の

お客さまには、ものすごく高い声で督促する。口調も若干砕けていて、

「お支払い日のお知らせでご連絡しましたぁ〜」

と、女性らしい柔らかな声だ。

でも、延滞日数が延びるにつれてK藤さんの声のテンションは落ちていく。

「長期延滞」のお客さまとの交渉は、完全に落ち着いた低めのトーンになっている。

「お支払い日のお知らせで、ご連絡させていただきました」

しっかりと敬語を使った硬めの話し方になり、本当に同じ人なのか!? と思うくらいの変わりっぷりである。


「初期延滞」のお客さまにはついうっかり入金を忘れている方も多い。まずは気を悪くさせないよう軽い調子でお願いをした方が入金のお願いに従ってもらいやすい。しかし「長期延滞」は支払いが遅れている自覚がある人が多く、軽い調子で電話をしたらなめられてしまって回収ができない。少し緊張感を持って聞き入れてもらう必要がある。

たとえば、飲食店の対応に不満があって、「ちょっとどうなってんのよ!?」と呼びつけたら、ものすごい美人や超イケメンの店員さんが出てきてしまったとす

る。するとなんだか緊張して、言いたかったクレームも言いにくくなってしまったりしないだろうか（私だけ？）。

声だって同じだ。

電話口で聞き惚れるほどいい声で話す人って、なんだかぞんざいに扱えない。あいさつの時やクレーム対応の時でも「声が美人やイケメン」なら絶対有利だ。でも残念だけれど、声が仕事道具であるコールセンターのオペレーターでも意識的に声を操作している人は多くない。私はこれを常々、もったいない！　と思っている。

だって整形でもしないかぎり顔はそうそう変えられないけど、声だけだったらすぐにでも変えられるのに！

ある日話し方のセミナーに参加していた時、私はたまたまこんな話を聞いた。

「母国語が異なる多人種が暮らす欧米では、相手の表情やしぐさを見て相手の人となりを判断することが多い。しかし、日本語を話す同人種がほとんどの日本では、見た目よりも声のトーンによって相手の印象を決める傾向が強い」

なんと日本社会で相手に印象を与えているのは、意外なことに「声」↓「顔や服装」↓「体格」の順番だという説があるという。

これはあくまで一実験例のようだけれど、言われてみれば確かに、私たち日本人は身振り手振りが大きくないし、日本語のコミュニケーションが洗練されて、ちょっとした言葉の調子で相手の感情を読み取ったりしている気がする。

以前ベストセラーになった本には、声や話の内容よりも顔の表情などの見た目の方が相手の印象をより決定づけると書かれていたけれど、なによりも電話じゃ見た目で勝負することはできない。

声を綺麗に出すように心がけること、それに話す内容や言葉遣いに加えて、声を高くするか低くするか、柔らかくするか硬くするかを意図的に変えるだけでも、相手の反応はかなり違ってくる。

人は見た目が9割かもしれないけれど、電話は声が10割なのだ。

11

仕事からもらった武器と盾

毎年4月になると、コールセンターに新卒で入社した数人の新入社員が配属されてくる。けれど残念ながら、ゴールデンウィークを過ぎた頃になると、

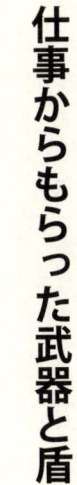

「こんな仕事するなんて聞いてない！」
「もう耐えられません！」

と言ってコールセンターを去っていってしまう人もいる。今年もつい先日、一人の女子社員が「もう督促なんて嫌だー!!」と突然退職してしまった。

新入社員の気持ちも痛いほどわかる。コールセンターは業務内容もエグイけど、就業環境がキツいことでも有名で、社内での人気も断トツで低かった。

新入社員の配属とは恐ろしい。会社の采配ひとつで、ある新入社員は朝7時に出社して午後9時まで、土日も祝日も関係なくお客さまに督促電話をかける仕事に就く。クレーム対応や事務作業が夜中まで続くことも珍しくなく、残業時間もうなぎ上り。

ところが、別の新入社員は朝9時に出社して18時ぴったりに仕事が終わり、土日祝日はお休みで、一日中机に向かって事務をするような仕事に就いている。「なんで私だけこんな部署なの!?」「やってらんねーよ！」って思うのも無理はない。

ある消費者金融では、入社してすぐに新入社員を研修所に送って泊まり込みで合宿を行い、数週間かけて徹底して貸金業の心構えを叩き込む、通称「地獄の研修」

「ブートキャンプ」と呼ばれている研修を行っているらしい。この研修ではとにかくメンタルを鍛えることを強制されるそうだ。人前で恥ずかしいことをさせたり、脱落者が出たら連帯責任を取らせたりする。その徹底した教育は強制的に「プロ意識」を根付かせて、お金を貸すことや督促をすることへの抵抗を消してしまう。研修を終えた新入社員は督促でもお金の貸付でも、どんな部署に配属されても全く辞めないそうだ。

合宿中に耐えかねて脱落する新入社員もいるらしいけど、「病む人をはじめからふるい落とす」というのもこの研修の目的の一つなんだそう。研修経験者によれば「苦労から始めれば世界はなにがあっても大丈夫」だと思えるらしい。

一方、私の会社のように、あんまり研修らしい研修を行わずいきなり現場に入れてしまう会社もある。ここでは、見よう見まねで仕事を覚えなければならないために、できないことにぶつかるとその都度苦労をすることになる。でも自分で苦しんで苦しんで、解決方法を模索すると、思ってもみない成長をすることもある。

弱者には弱者の戦い方がある

入社当時、私はお客さまに督促をして入金の約束を取り、その約束を守ってもらえる確率がコールセンターの他の社員に比べて低かった。

私のお客さまの履行率（入金の約束をしたお客さまが約束を守って入金してくれる確率）は5割で、コールセンターの平均の6割を下回っている。お客さまに強く督促できない私に頭を抱えた上司は、私を強く督促できる男性社員二人の席の間に座らせて勉強させようとしたこともあった。オセロじゃないんだから、強く言える人二人で挟んだってそうそう変わらないと思うんだけど……。

たしかに、督促という仕事はコワモテの男性社員の方が向いていると思う。男性社員が強い調子でお客さまに督促をすると、やっぱりお客さまは入金をしてくれることが多い。長年督促をしてきたとあるベテラン男性社員の履行率は7割近かった。

でも、私だったらそんなふうに強い調子で督促をされたら、確実にそのカード会社を嫌いになってしまうと思う。二度とそのカードを使う気にならないかもしれない。

督促していると、お客さまはなぜお金を支払えなくなってしまったのか理由を聞かせてくれる。なかには「携帯でゲームしすぎた」といった（それはどうなんだ……？）と思う理由もあるけれど、それもある意味、人間らしいと思う。

そこまで踏み込んで事情を聞かせてくれるお客さまに向かって、厳しく言って督促することは私にはどうしてもできなかった。

（じゃあ、強く言えなくても、督促で成果を出す方法はないのかな？）

ある時私は考えた。いやあるはずだ、正攻法で行けないなら裏道を狙えばいいのだ。

そして私が見つけたのは、基本に戻って電話をかける件数を増やすという方法だった。どんなに交渉技術を磨いても、お客さまが約束を守って入金してくれる確率はコワモテ男性社員の持つ7割が最高だ。平均が6割なので、1割しか伸ばせないことになる。だったら履行率が5割の私でも、入金約束をするお客さまの母数を平均より4割増やせば、履行率7割の長年コールセンターで働いてきた交渉の達人とも回収成績で並べることになるじゃないか！

そうして、どうやったら他人より4割多く電話をかけられるか、という作戦を立てた。

多く電話をかけるためにはお客さま一人一人の交渉時間を短くしなきゃいけない

ので、時間を取られてしまうクレームはなるべく起こさず、もし起きてしまっても短時間で鎮静化しなきゃならない。その対策として考えたのが、コラムで書いた、怒鳴られてもすぐに立ち直る方法や、怒鳴られても動じず交渉を続ける方法だった。クレーム対応チームの先輩に聞いて、上手にクレームに対処する方法も勉強した。

また、お客さまとの交渉の効率を上げるためにはなるべく使う言葉を決めておいた方が良かった。お客さまとの交渉の中で、一番短く、一番わかりやすい言葉を抽出して付箋を作り、目に見える場所に貼っておいた。焦った時でも付箋を読めばスムーズに対応ができる、これが付箋モードの誕生だった。

それから、お客さまに聞き返されることがないように、自信があるようにゆっくり丁寧にしゃべることにした。相手にしっかり伝われば、一人にかける交渉時間を短縮することができた。

こうして、自分の頭で考え、人から学んできたことを組み合わせた結果、私はオペレーター平均の倍の数のお客さまに電話をかけられるようになった。履行率が低くても、電話をかける件数を増やせば回収金額は増える。

仕事をしていると、どうしても正攻法では歯が立たない場面がある。だけど、そういう時にも意外と裏道が用意されていたりする。もし、どうしても「ココができない！」という壁を感じているとしたら、その壁を乗り越えようとするのもいい。でも、もしかしたらどこかに穴があるかもしれない。正攻法で行かないのはずるいかもしれないけれど、弱者には弱者の戦い方があるのだから。

最近、すぐに辞めていってしまう新人さんを見ると、もったいないなぁと思ってしまう。たしかに配属された部署に行って「だまされた！」と思うこともあるかもしれないけど、一度、だまされてみるのも実はそんなに悪いことじゃないかも。「この子、督促大丈夫かな？」と思うような子でも、「もう無理です」「嫌です」と言い続けるのをなだめ続けて督促を続けさせるうちに、ものすごい才能を開花させてあっという間に上にあがっていってしまうこともある。打たれ弱かった新人さんでも、督促を続けているうちに別人のように逞しくなることもある。

思わぬ部署に配属されてみるのも、自分の不得意な分野でもがいてみるのも、意外な化学反応につながることがあるのかもしれない。

心の通り魔

私は昔っからコミュ力が低くて初対面の人とはほとんどまともにしゃべれなかっ

た。そして、繁華街を歩くと、なぜか必ずキャッチセールスか宗教の勧誘に声をかけられた。その確率たるや１００％である。ただ、何回ひっかかっても断ることが下手だった。

「すいません〜いまエステのモニター募集してるんですけどぉ」

（ひっ、きゃ、キャッチセールスだ！）

目の前に茶髪にスーツという、ホストのような男性が立ちふさがる。


「す、すいません、今時間ないんです」

「大丈夫すぐ終わるから〜」

「い、いいです」

「景品もありますから、パンフだけでも見て！」

「……え、あ、じゃ、じゃあパンフレットだけ見たら行きますから」

「ほら、このプランなんですけどすごくお得で！　いいでしょ〜」

「は、はい……」

こんなやり取りの後、数十分説明をされて「もうちょっと詳しく説明させて」と建物に連れ込まれそうになる。

この時点でやっと、やばい！　と思い「やっぱりいいです！」と断って逃げようとすると、必ず、「ここまで説明させといて、ふざけんな！」とか「はぁ？　こいつ、わけわかんねえ。キモいんだよ！」と最後に思いっきり心に突き刺さるような、捨て台詞を言われる。

こういう人たちを私は心の通り魔と呼ぶ。

歩いてるとすれ違いざまに「ブス！」「デブ！」と罵ってくる男の人たち。お会計を間違えて指摘すると嫌そうな顔をする店員さんたち。インターネットに人の悪口を書きこむ人。世の中、四方八方から心を傷つける言葉の刃が飛んでくる。

涙味のお菓子

社会人になって、コールセンターに配属されてからも、お客さまの罵詈雑言はどこからともなく飛んでくる弓矢のようだった。コールセンターは古戦場で、少し気を抜くととたんに串刺しにされる。目の前で仲間がお客さまの言葉に傷ついてバタバタと倒れていく。私の仕事場はそんなところだった。

それでも、ひどい罵詈雑言を浴びせられながら、夜の10時過ぎまで怒鳴られ続ける時も、上司や先輩は私の電話が終わるのを何も言わずに待っていてくれた。ところどころ電気が消されてうす暗くなったコールセンターで、K藤先輩は私の隣で電話を聞きながら一生懸命、筆談でクレームの対処法を説明してくれた。遅くまで時間がかかっても、K藤先輩も高田純次課長も嫌な顔一つせず私を待っていてくれた。

先に帰る先輩も、「がんばれ」と書いたメモを残していってくれた。クレームの電話を受けていると、いつの間にか傍らにはメモとお菓子が積まれて小山ができていた。普段はコワモテで厳しい癖に、こういう時だけ優しいのはほんとうにずるい。クレームの電話が終わるといつも泣きながらそのお菓子を食べた。涙味のお菓子、それは今まで食べたどんな食べ物より忘れられない味になった。

最近、久しぶりにキャッチセールスに声をかけられた。

「お姉さんちょっと待って！　今そこで化粧品のお試し会をやってるんでぜひ寄っ

てってくださいよ!!」

不覚にも腕を取られてしまった、どうやら相当押しの強いキャッチらしかった。でもそこで、私の口からは反射的に言葉が出てきた。

「お役に立てなくて本当にごめんなさい！　今ちょっと急いでるんです！」

いきなり謝られたことにびっくりしたのか、声をかけてきたお兄さんに隙ができた。

その隙に、するりと腕をはずして「声かけてくれてありがとう、それじゃ！」と言って走って逃げる。最後に嫌な言葉を浴びせかけられることもなかった。

いきなり謝れば相手は警戒心を解く、謝罪にお礼を挟んで感情豊かに応対する、もちろんここぞというい声を出した。全部、督促で学んだことだった。

昔の私は口ゲンカが苦手だった。お店でお会計が間違っていても言いだせなかったし、だめんずの彼に一方的にヒドイことを言われても反論できなくて黙って耐えていた。その時の自分の嫌だという気持ちを、どういう言葉にして相手に言えばいいのかわからなかった。

でも今は私にはお客さまにもらった言葉の数々を記録した「悪口ノート」もある。私の悪口のボキャブラリーはここ数年で一気に豊富になった。お店の人への文句だってちゃんと言えるようになった。日ごろ同僚が苦しめられているクレーマーと同じになってしまうから、もちろん理不尽な怒り方はしないけど。

血の通った熱い悪口、求む

督促の仕事を知ってもらいたいと思ってブログを書き始めて、それがきっかけで1年ほど前からインターネットでコラムを書かせてもらうようになった。すると、その分ビックリするくらいたくさんの悪口を書きこまれるようになった。最近はSNS経由でわざわざ匿名で悪口を書いたメッセージを送ってくれる人もいる。

以前の、督促の仕事に就く前の私なら確実に心が折れていた。でも、今は大丈夫だ。こんなの直接お客さまに罵られるのに比べたら全然ぬるいじゃないか。私の督促するお客さまはもっと血の通った、熱い悪口を言ってくれる人ばかりだ。

ちなみにインターネット経由で送られてくる悪口ももちろん「悪口ノート」に記録している。たくさん集まったら、ぜひとんでもないご褒美を自分に与えようと思っているので、どんどん送ってほしい。

私は、ある時気がついた。

古戦場のようなコールセンターで働くうちに、いつの間にか自分の体にはたくさんの言葉の刃が突き刺さっていた。でも、その一本を引き抜くと、それは自分を傷つける凶器ではなく剣になった。その剣を振り回すと、また私を突き刺そうと飛んでくるお客さまの言葉の矢を今度は撥ね返すことができた。それから、仲間を狙って振り下ろされる刃からも仲間を守ることができるようになった。そうか、武器は私の身の中に刺さっていたのだ。

仕事をする中で誰かから傷つけられることはたくさんあったけど、そのおかげでできるようになったこともたくさんある。今まで私が先輩やお客さまからもらってきたのは、これからより強く生きていくための武器と盾だったのだ。

おわりに

この度は「督促」などという聞きなれないお仕事をしている私の本を手に取ってくださり、本当にありがとうございました。

この本に出てくるお客さま、同僚の皆さんはプライバシーの観点から性別年齢等を変えさせていただいています。お客さま、先輩方にはたくさんのことを学ばせていただきました。特にK藤先輩のモデルになってくださった、私の督促の師匠のK谷さんには一生頭が上がりません。

私はこの本を三人の人に届けたくて書きました。

一人目は全然督促が出来なかった、昔の私に。

お客さま相手に強く言えず回収成績がまったく出せずに苦しんでいた時、営業の本は山のようにあるのに、どこを探しても法律関係の本以外の督促の本が見つからず苦労していました。

「なんで督促の本がないんだろう？　私は督促ができなくてこんなに苦しんでるのに〜！」

そう疑問に思ったことが、この本を書こうと思った理由の一つでした。

二人目は一緒に働いてくれているオペレーターさんと同僚に。

いつもお客さまに怒鳴られたり、ヒドイ言葉を言われたりしているのに、明るく前向きにお仕事を頑張ってくださっているみなさんの姿にどんなに助けられてきたかわかりません。

今も心を病んで薬を飲みながら、ストレスが原因で突発性の難聴になってしまい片耳が全く聴こえなくなりながらも、督促の仕事を続けている同僚たちがいます。

作中に出てくる人物のモデルとなってくださった方には散々お世話になっておきながら、ヒドイ書き方をしてしまったかもしれません。ただ、世の中にはこんなに素晴らしい人がいる、こんなスゴイ人たちが督促という仕事をしているんだということを、一人でも多くの人に知ってほしかったのです。

そして、三人目は今も私の隣の部屋にいる弟に。

私には、統合失調症で今も部屋から出られない状態の、ひとつ年下の弟がいます。もし、あなたが外に出られるようになって、仕事をする時に、心と体を守るために少しでもこの本が役に立てばと思いました。

今、久しぶりに実家に帰ってこの後書きを書いています。隣の部屋にいるのに本を書かなきゃ伝えられなかったなんて言ったら、周りの人に怒られてしまうかもしれないんですが。子供のころから人見知りで、私もずっと他人が怖いと思って生きてきました。

でもその恐怖を薄れさせてくれたのが督促というお仕事でした。華やかじゃないし辛いけど、働くってそんなに悪いことばっかりじゃないよ、そのことをあなたに伝えたかったのかもしれません。

世界中のお客さまに嫌われるお仕事でも、私はこの仕事が好きです。このお仕事を与えてもらって良かったなぁと、今では心から思います。督促だけじゃないですが「仕事」は生きていくために必要なお金を与えてくれるし、一緒に過ごす仲間も与えてくれる。そして自分を強くする力を与えてくれるかけがえのないものなのです。

文庫版あとがき

この度は、文庫版『督促ＯＬ　修行日記』を手に取って下さり、本当にありがとうございました。

２０１２年に『督促ＯＬ　修行日記』を書いたときは、督促なんてマイナーな仕事のこと、誰も興味を持ってくれないんじゃないかと、とても不安でした。でもまさか文庫にまでしていただけるなんて、今まで読んでくださった皆様には、本当に感謝しています。

私は今も、カード会社のコールセンターで電話のお仕事をしています。ただ一つ以前と違うのは、先般人事異動があり、督促ではない部署に異動になってしまったことでした。私も会社員なので人事異動があるのは当たり前なのですが、あんなに何年も辞めたくてもがいていた督促のお仕事から、こんなにあっさり離れることになるとは思ってもみませんでした。

離れてみると督促のお仕事が恋しくて、今は逆に戻りたくて毎日うずうずしています。でも新しいコールセンターの仕事もとても楽しくて（そしてなかなか大変で）、今はここで頑張ろうと思っています。

今まで「どうしてこんな大変な仕事辞めなかったんですか？」と何度も聞かれてきましたが、実は単純にコミュニケーション能力がなさ過ぎて、怖い上司に「辞めたい」と伝えることすらできなかったのが本当のところです。私にもう少しでも勇気があれば、きっと督促を辞めていました（笑）。

でも私は今、督促のお仕事に救われたと思っているのです。

もし私が新卒で、配属された部署があの督促のコールセンターでなければ、私の人生は今とまったく違ったものになっていたと思います。

人見知りで、誰かとコミュニケーションを取ることが苦手で、新入社員として大問題児であったであろう私が、今日いっぱしのＯＬとして働くことができているのは、一日何百本の督促の電話をかけさせられたあの日々のおかげです。

嫌でもお客様とお話をしなければならなかったコールセンターは、コミュニケーションのブートキャンプのようなものでした。気が付くと、あんなに苦手だった人との会話が、いつの間にかできるようになっていたのです。

「督促」の魅力はたくさんありますが、こんなにも得難い経験をさせてくれるお仕事はそうそうないと思います。この仕事ができて、私は本当にラッキーだったと思います。

本を出してからなにより嬉しかったのは、コールセンターで働く方、今も私以上に大変な環境でお仕事をされている方から、たくさん声をかけていただいたことでした。

辛くて大変なお仕事の中で、ほんの少しでも気が楽になったり、「この経験もネタになるかな」と思ってもらえれば、それだけで『督促ＯＬ　修行日記』という本が世に出てよかったのかな、と思うことができます。

もし、今あなたがとてもストレスを感じているとしたら、それはあなた自身が変化をしているということだと思います。

良い事でも、悪い事でも、私たち人間は周囲の環境に変化があるとストレスを感じるようにできているそうです。でもストレスを感じることで私たちは少しずつ変わっていって、その環境に適応できるようになるそうです。

つまり、ストレスを感じているということは、成長をしているということなのかもしれません。今までできなかったことができるようになる、耐えられなかったことに耐えられるようになる、それが変化をするということ。だとしたら、ストレスを感じることは、もしかしたら新しく成長している素敵な兆候なのかもしれません。

ただのＯＬである私に出版の機会を下さり、今までたくさん助けて下さった皆様には本当に感謝しています。

本を読んでくださった皆様。ブログを見て出版のお声掛けを下さいました井上様。文庫版の編集をして下さった石塚様。とてもかわいらしい本をデザインしてくださった野中様。何度も取材にお付き合い下さり、なにもわからない私を助けて下さいました文藝春秋宣伝プロモーション部の皆様。応援してくださった営業部の皆様。恐れ多くも解説をお引き受け下さいました佐藤優様。

私の勝手な活動を懐深く許して下さる会社と、仕事のできない私をいつも助けてくださる先輩方。今も督促業界で頑張っているたくさんの同業の皆様。すべての源になってくれている家族に。

本当に、ありがとうございました。

２０１４年12月

榎本まみ

〈参考書籍リスト〉

『ブラックメール――他人に心をあやつられない方法』（スーザン・フォワード著　亀井よし子訳／日本放送出版協会）
＊新装改訂版は『となりの脅迫者』として、パンローリングより刊行されています。
『管理される心――感情が商品になるとき』（A・R・ホックシールド著　石川准、室伏亜希訳／世界思想社）
『パイナップルARMY』（作・工藤かずや、画・浦沢直樹／小学館文庫）
『マンウォッチング』（デズモンド・モリス著　藤田統訳／小学館文庫）
『FBI捜査官が教える「しぐさ」の心理学』（ジョー・ナヴァロ、マーヴィン・カーリンズ著　西田美緒子訳／河出文庫）
『FBI捜査官が教える「第一印象」の心理学』（ジョー・ナヴァロ、トニ・シアラ・ポインター著　西田美緒子訳／河出書房新社）
『暴力から逃れるための15章』（ギャヴィン・ディー＝ベッカー著　武者圭子訳／新潮社）

解説

佐藤優

２０１２年９月、単行本として出たばかりの『督促ＯＬ　修行日記』を私は食い入るように読んだ。奥付を見ると発行者が文藝春秋の藤田淑子クレア局長（当時）だったので、思わず藤田氏の携帯電話を鳴らした。そして、「『督促ＯＬ　修行日記』はすごい作品です。これは売れます。組織論としても人間論としてもほんとうに優れた本です」と伝えた。

今回、文庫版解説を書くために、本書をもう一度精読した。あのときの新鮮な感動がもう一度甦ってきた。

企業や役所などの組織には、独自の「物理の法則」がある。自然界で重い物が自然と下に落ちてくるように、組織では、面倒な仕事、汚い仕事は、下に降りてくる。特に入社３年くらいまでの時期にやらされる仕事には、ろくでもない内容のものが多い。上司は「若い頃の苦労は、買ってでもやるものだ。肥やしになる」と言うが、この場合、苦労は、若手でなく、他人（たいていの場合、上司）の肥やしになる。こういう経験を積むうちに、社会人はズルさを身につけていく。

本書の主人公N本さんの場合は、最初、電話で督促をした相手から「うるせぇんだよ馬鹿野郎！　ちゃんと支払うっつってんだろ！」という罵声で、社会人としての洗礼を受ける。その後の苦労について、N本さんは自身の体験を抱腹絶倒の物語として展開している。

私が感銘を受けたのは、ユーモアたっぷりの物語紹介の中に見える、N本さんの鋭い人間観察眼だ。特にクレジットカードの支払金督促から見える人間模様が興味深い。

〈契約者さまが誰かにカードを渡している場合、

「その金は俺が使ってんじゃない！　××って奴にカードを貸してるんだ！　そっちに連絡してくれよ！」

と言って支払いを拒まれることも多い。

だからといって支払いの義務はカードの契約者にあるので、いくら支払いを拒否されても私たちは請求するしかないのだが、こういった方から回収をするのは本当に難しい。

でも、支払いを拒めば契約者本人の信用情報が悪化する。言うなれば他人の作った借金のせいで、契約者本人が不利益を被る。なんともいたたまれない事態になる。〉

（180～181頁）

連帯保証人になった場合にもこのような状況に陥ることがある。ここまでは一般論だ。それでは、他人に貸してしまったクレジットカードがどのように使われているのだろうか。N本さんが憤ったのは以下の事例だ。

〈「カードを他の人に渡されるのは契約違反になりますので、この場でお客さまのカードは止めさせていただきます。よろしいですか？」

私はちょっと身構えながらお客さまにそう伝えた。彼氏や旦那さまにカードを貸している女性はこういった時、カードが使えなくなったせいで相手に怒られるのを恐れて「それだけはやめて！」と頑なに拒否することが多い。

しかし彼女は一瞬、電話の奥で押し黙った後、

「わかりました、止めてください」

と、割とすんなりと了承してくれた。

（でも、こんなに若い女の子が、彼氏の作った借金を背負わなきゃいけないなんてヒドイよ……）

複雑な気持ちになりながら、私はカードの処理を行った。

彼女がすぐに決断してくれたのは、もうカードが限度額いっぱいまで使われてしまったからなのか。それとも他にもカードを渡してあるからなのかもしれない。でも彼女はこれから彼氏の作った借金を払っていく。

（あなたの彼氏、あなたのカードでキャバクラに行ってるかもしれないんですよ？しかもキャバクラらしきお店に行った日と高級焼肉に行ってる日が同じって、これどう見ても同伴出勤ですよ!?）

同じ女として、ふつふつと、見ず知らずの彼氏への怒りが湧いてくる。〉

（181〜182頁）

N本さんには、借金の背後にある具体的人間関係が見えるのである。自分で汗をかいて稼いだお金ならば、キャバ嬢と同伴出勤するために浪費することはない。このカードを使っている男にとって、カードを貸してくれた彼女は、キャッシュディスペンサーのような「物」なのだ。女性を「物」扱いするような男に対して、N本さんは怒っているのである。

これとは別の形の具体的人間関係がN本さんに見えた事例がある。

〈そういえば、お客さまの中には若い女性と逃げてしまった旦那が残した借金を、任意で何年もかけて返済している女性がいた。「ご本人さま以外にはお支払いの義務はないんですよ?」と何度も言っても「私の責任ですから、必ずお支払いします」と毎月少しずつ返済をして、とうとう完済してしまった。

また、息子さんが作ってしまった借金を肩代わりするお母さんも多い。女性と借金というのはどうしてこうもやりきれないのだろう。〉（182～183頁）

若い女性と逃げた夫の借金を払っている女性も、息子の借金を肩代わりしている母親も、法律とは別の位相で、夫婦、親子の関係を考えているのである。「親しい人間の起こした金の不始末を処理するのが人の道だ」と考えている人にN本さんは共感を寄せている。

いわゆるブラック企業、あるいは企業自体はブラックでなくても、その企業の中にあるブラック部門（N本さんの事例はそれにあたる）で生き残っていく人には、二つのタイプがある。

一つ目は、本人自身が歩くブラック企業のようになり、「義理をかき」、「人情をかき」、「平気で恥をかく」という「サンカク」精神を体得してしまう場合だ。周囲からも取引先からも鼻つまみになるが、とにかく数字を出すので生き残ることができる。

第二は、ブラックな仕事は、糊口をしのぐためと割り切って、仕事以外での直接的人間関係をたいせつにする人だ。こういう人は、やりすぎて事故を起こすことがなく、仕事を離れれば普通の人なので、人望が集まる。N本さんとともに本書に出てくるK藤先輩がこのタイプだ。このタイプの人たちには、他の人には見えない重要な「何か」が見えている。こういう人間力は、優れた人に伝播する。本書に出てくる後輩Dちゃんの例がそれにあたる。

〈私以外にもだめんずから卒業できた後輩がいる。Dちゃんだ。

Dちゃんは都内の女子大出身で、女性ファッション誌から抜け出てきたモデルみたいなかわいい女の子だった。

でも、そんなDちゃんは大学時代から、国立大を出て大手マスコミに就職した「肩書き系だめんず」のY君に長らくひっかかり続けたらしい。

Y君はDちゃんを彼女にはしなかったけど、休みの日に電話1本で家に呼びつけていた。なのにしょっちゅう合コンに行ったり、Dちゃん以外にもそういう都合のいい関係の女の子が数人いると豪語していたらしい。

でもDちゃんはつい、「いつか彼女になれるかも……」「結婚できるかも……」と長らくY君の呼びだしを受け続けた。ところがコールセンターで働き始めて、すぐに目が覚めて決別することができたようだ。

「コールセンターで督促してると、どんなにいい会社に勤めてお金をいっぱい稼いでいる男の人でも、奥さんに内緒で借金をするし、お金が返せなくなったら逆切れして私たちを怒鳴るってコトがわかりました。Y君と同じ会社で働いている人にすっごく怒鳴られて、目が覚めました。私は彼の肩書きが好きだったんですねー」

督促のコールセンターで働いていると、お客さまの年収や借金の金額と毎日向き合うことになる。やっぱり年収が高い人はそれなりに高額の借金もするし、仕事柄派手な付き合いもしているのがわかってしまう。

Dちゃんは今、浮気と借金をしないまじめな男性と付き合っているらしい。〉

（235〜236頁）

会社名（官庁名）、学歴、収入、容姿などで、人間を評価するのは間違っていると頭ではわかっていても、われわれはどうしても外面にとらわれてしまう傾向がある。借金の督促という修羅場の仕事をしていると、嫌でも人間の内面が見えてくる。厳しい職場環境でも、他人を思いやる心を失わず、人間力をつけることが可能であることを示した作品として、『督促ＯＬ　修行日記』は、長く良い読者に恵まれることになると私は信じている。〈２０１５年1月15日記〉

（作家・元外務省主任分析官）

単行本　二〇一二年九月　文藝春秋刊
DTP製作　図書印刷

本書の無断複写は著作権法上での例外を除き禁じられています。
また、私的使用以外のいかなる電子的複製行為も一切認められておりません。

文春文庫

督促《とくそく》ＯＬ　修行《しゆぎよう》日記《につき》

定価はカバーに
表示してあります

2015年３月10日　第１刷
2016年７月５日　第５刷

著　者　榎本《えのもと》まみ
発行者　飯窪成幸
発行所　株式会社　文藝春秋

東京都千代田区紀尾井町 3-23　〒102-8008
ＴＥＬ　03・3265・1211
文藝春秋ホームページ　http://www.bunshun.co.jp

落丁、乱丁本は、お手数ですが小社製作部宛お送り下さい。送料小社負担でお取替致します。

印刷・凸版印刷　製本・加藤製本

Printed in Japan
ISBN978-4-16-790317-6

文春文庫　最新刊

死神の浮力　伊坂幸太郎
〝死神〟の千葉は、娘を殺された作家と犯人を追う。シリーズ百万部突破

山桜記　葉室麟
細川ガラシャの息子が妻を守りぬく話など夫婦愛を描く歴史小説七篇

漁師の愛人　森絵都
漁師と愛人は日本海で暮す。女は「ずるい男」と知りながら別れられない

再会　あくじゃれ瓢六捕物帖　諸田玲子
大切な人を次々失った瓢六。それでも相棒と〝天保の改革〟に立ち向かう

老いの入舞い　麹町常楽庵　月並の記　松井今朝子
新人同心・間宮仁八郎と謎の庵主・志乃のコンビが怪事件に挑む

孫六兼元　酔いどれ小籐次（五）決定版　佐伯泰英
芝神明で起きた無惨な陰間殺し。小籐次は事件解決の助力を請われる

問いのない答え　長嶋有
震災後に小説家・ネムオがツイッターで始めたことは。優しく切ない長篇

ストロボ　真保裕一
写真を手に人生を振り返るカメラマンの胸に去来するものとは。名作復刊

夜明けの雷鳴　医師　高松凌雲〈新装版〉　吉村昭
医療は平等なり。幕末維新を生きた近代医療の父・高松凌雲の高潔な生涯

杖ことば　五木寛之
辛い時、手となり足となり支えてくれる「杖」のような先人の言葉を紹介

嘘みたいな本当の話　みどり　内田樹　高橋源一郎　選
日本中から集まった奇想天外な実話集第二弾。今回は著名人の体験も収録

読書脳　ぼくの深読み300冊の記録　立花隆
電子化により「本を読むこと」はどう変わるのか？　書評連載六年分ほか

もうすぐ100歳、前向き。　豊かに暮らす生活術　吉沢久子
九十八歳にして現役で活躍。日々生き生き暮らすコツを読者に伝授

刑務所わず。　塀の中では言えないホントの話　堀江貴文
刑務所実況中継『刑務所なう。』に続くこの本で、刑期満了後の本音を語る

小泉官邸秘録　総理とは何か　飯島勲
多くの改革を成し遂げた小泉内閣。首席総理秘書官による生彩に富む回想

一〇〇年前の女の子　船曳由美
明治末期に生れ、百年を母恋いと故郷への想いで生きた女性の一代記

糖尿病S氏の豊かな食卓　坂本素行
糖尿病でも食事はまともに食べたい。陶芸家がくふうしたおいしいレシピ

ジョイランド　スティーヴン・キング　土屋晃訳
遊園地で働く大学生のぼく。幽霊屋敷に出没する殺人鬼の正体に気づいた